Rethinking
Reconstructing
Reproducing

*
_____

"精神译丛"
在汉语的国土
展望世界
致力于
当代精神生活的
反思、重建与再生产

_____

*

La Transparence du Mal
Essai sur les phénomènes extrêmes

Jean Baudrillard

精神译丛·徐晔 陈越 主编

[法] 让·鲍德里亚 著　王晴 译　赵子龙 校

恶的透明性：
关于诸多极端现象的随笔

西北大学出版社

让·鲍德里亚

目 录

在狂欢之后 / 1

跨美学变迁 / 15

跨性别变迁 / 23

跨经济变迁 / 31

超导性事件 / 43

可控式漂白 / 53

复印和无限 / 63

预防和毒性 / 75

冲动和反感 / 89

以恐怖主义为镜 / 95

"恶"之去向 / 103

逝者的名单 / 113

能量的命运 / 125

受诅咒部分的定理 / 133

根本的相异性 / 141

同一者即地狱 / 143

差异中的滥情剧 / 157

破裂的关系 / 173

根本的异域性 / 183

威尼斯随行曲 / 197

毒性的包容 / 205

意志的转化 / 211

客体作为奇异吸引子 / 221

术语索引 / 226

人名索引 / 233

译后记 / 236

校后记 / 242

因为世界已经来到万物谵妄的状态,我们必须采取一种谵妄的观点。

死于各种极端,胜过死于各种绝境。①

---

① 原著此处两段题词中,第一段为英语并附法语翻译,第二段为法语。——译注

在狂欢之后

Après l'Orgie

如果要概括目前各种事态的状况,我会将其称作"狂欢之后"。这场狂欢,指的是现代性曾经达到了爆发、各个领域都发生了解放运动。政治解放、性解放、生产力解放、武器杀伤力解放、妇女解放、儿童解放、无意识驱力解放、艺术解放……那是所有再现模式的庆典,也是所有反再现模式的庆典。那是彻头彻尾的狂欢,是关于真实、理性、性别、批判与反批判、发展与发展之危机的狂欢。我们尝试了各种途径,来对客体、符号、信息、意识形态和娱乐进行生产和过度的虚拟生产。如今,一切都被解放了,而在游戏结束时,我们发现我们共同面临一个至关重要的问题:**在狂欢之后,我们该做什么**?

如今,我们能做的只是模拟狂欢、模拟解放。我们假装还向同样的发展方向加速前进,但在现实中,我们只是在真空中加速前进,因为所有解放的目标已经成为身后的历史,也因为让我们纠结、烦恼的,是我们现在期待着各种结果,是我们现在可以拥有所有符号、所有形式、所有欲望。但我们能做什么?这就是我们所处的模拟状态,一种我们必须重演所有情景的状态,因为这些情景,无论是从事实上还是潜在的都已经发生过。这番情景,就像乌托邦已经实现,各种乌托邦幻想都已实现,而矛盾的是,我们还必须假装它们没有实现,并继续我们的生活。但既然它们已经实现,既然我们不再怀有实现它们的愿望,那么我们就只能将它们"过度地实现"(hyper-réaliser)为一种不确定的模拟。我们生活在无止境的再生产之中,重复生产那些理想、幻想、影像以及梦境,而因为它们成了过去,我们必须带着一种宿命般的冷漠,继续再生产它们。

在深层意义上,革命确实全面地发生了,但不是以我们曾期待的方式。无论在哪里,所有应该被解放的都已经被解放了,随后进入纯粹的循环,进入轨道运动。我们凭着后见之明,可以说一切解放运动的必然结果,都是培养和滋生各种网络。各种被解放的事物,都被献于无止境的交换,从而献于逐渐增长的不可决定性(indétermination),献于不确定性(incertitude)的原则。

现如今没有什么(甚至上帝)的消失,是通过结束或者死亡,相反,事物通过增殖(prolifération)、传染、饱和或透明化、衰竭或灭绝,通过模拟的泛行,在模拟中转为次级存在。而其结果,不是一种宿命般的消失,而是一种分形①的散布。

再没有什么能得到真实的反映,无论是在镜子里,还是在深渊中(深渊不过是产自意识的无止境的分身)。各种网络中的病毒式(virale)散布的逻辑,不再是有关价值的逻辑,因此也不是有关等值的逻辑。再也不存在价值的革命(révolution),而只剩下价值的旋流或是倒流(circonvolution ou involution)。各种系统,都同时有着向心的约束和偏心运动,病症的内部转移和强烈的自体毒性(autovirulence),让它们超出自身限度而趋向爆炸,并改写自身逻辑。各种系统并非单纯地自我复制,而是增长权力,利用自身的失利而巧妙地实现协同增效的作用(potentialisation)。

---

① 分形(fractal):原意指几何图形在自身细微结构上的自我迭代。——译注

所有这些重要转折,让我们回头审视价值的命运。出于分类需要,我曾经提出一种价值三段论[①]:使用价值的自然阶段、交换价值的商品阶段、符号价值的结构性阶段。价值在其中遵循三种法则:自然法则、商品法则、结构性法则。此论当然不免流于形式,但也有些类似于物理学家每个月都发现一种新粒子的情况。新粒子并不取代那些先前发现的粒子,而仅仅成为它们的后继,加入假定的序列。所以我所做的,是要为各种拟象中的微观物理学引入一种新的粒子。在价值的自然阶段、商品阶段、结构性阶段之后,是价值的分形阶段。最初阶段,是有自然所指对象的,价值在对世界的自然使用的基础上发展起来。第二个阶段,建立于普遍的等值基础上,价值依照商品逻辑而发生。第三个阶段,价值为编码所主导,参照各种模式的集合体而发生。第四个阶段,价值的分形阶段,或者说病毒扩散式发展、辐射状发展阶段,并不存在任何参照对象,价值向各个方向、向一切空隙、不借任何参照、只顺从邻接性(contiguïté)、呈辐射状发散开来。在分形阶段,无论是从自然的还是普遍的角度来说,任何等值的观念都不复存在了。更确切地说,这个阶段不再有所谓的价值法则,而只有一种**价值的传染**(*épidémie de la valeur*)、价值的普遍转移,或是价值的任意增殖和散布。严格来说,我们的确不应该再谈什么"价值"了,因为这种蔓延或连锁反应,使得所有价值的估定都变得不可能了。又一次,我们可以联系到微观物理学:我们不可能用美与

[①] 详见鲍德里亚:《象征交换与死亡》(*L'échange symbolique et la mort*, Gallimard,1976),车槿山译,译林出版社,2006。——译注

丑、真与假、善与恶这些词汇去进行运算,正如我们不可能同时得出一个粒子的速度与位置。善不再是恶的对立面,而再没有什么能以横纵坐标得以定位。就像每一个细小的粒子遵循自己的轨道运行那样,每一个价值或是价值的碎片,在模拟的天空中闪耀片刻,画出一条折线,几乎不与其他的线相交,随之遁入虚空。这就是分形化的模式,也是目前我们的文化所具有的形式。

当各种事物、符号或是行动从它们各自的理念、概念、本质、价值、参考点、起源和目的中解放出来之后,它们就开始进入一种无止境的自我再生产过程。即便事物的观念消失已久,它们也仍继续运行。它们继续发挥功能,根本无视它们自身的内容。而矛盾的是,在这些情境下,它们运行得比以前更好了。

所以,举例来说,进步(progrès)的理念消失了,然而进步仍在继续。生产赖以支撑的财富的理念消失了,然而生产比以前更有活力地进行着。生产的提速,和它对最初目标的忽略正好成正比。关于政治,人们可以说政治的理念消失了,但是这场政治游戏仍在进行着,暗中已经毫不关心它所涉及的利害。关于电视,它在运行中,毫不关心自身所播出的那些影像(甚至人类消失了,它仍可能照常运行)。是否可能,所有的系统、所有的个体都怀有某种隐秘的冲动,即为了四处扩散、为了将自身推及各处,它们要摆脱掉它们的理念和自身本质?无论如何,这种脱离的后果,注定是致命的。物失去了观念,就像人失去了影子①,必将陷入疯狂

---

① 有关这一说法,详见鲍德里亚的《消费社会的神话与构造》(La société de consommation, Gallimard, 1986)一书。——译注

或迷失。

这里成立了一种秩序,或者说失序,它的主题是转移、邻接性的增殖、癌症般的扩散(它甚至不再遵从价值的基因编码)。我们从各个角度见到,性特征、有性生物的伟大进化历程正逐渐淡化,转而倾向于先前永生的无性生物的阶段,而它们,像原生动物一样,以简单的细胞分裂的方式,一分为二地进行繁衍、演变遗传编码。今天的各种科技产物——机器、克隆生物、各种假体等等,都倾向于这样的再生产,它们缓慢地将类似过程引入有性的人类存在。今天的各种探索,包括前沿生物学研究,都是为了发展这种遗传换代,推行线性的连续再生产、克隆、单性生殖、各种单性机器。

在性解放的年代,人们曾经追求性别差异的最大化、再生产的最小化。但今天,人们对克隆社会的追求,完全成了它的反面:用尽可能少的性别因素,来进行最大化的再生产。曾经,身体是灵魂的喻体,而后变成了性的喻体。然而,今天的身体不再是任何喻体,它成了承接各种病症转移的场所,成了各种过程中的机械链接,成了一种无止境的程序设计,而其中并没有象征构造,并没有超越性的目标,这种身体只与自己密集相处,而这种密集性(promiscuité)同样见于各种网络、各种集成电路。

隐喻(métaphore)的可能性,在各个领域中都已消失不见了。这种景象,源于普遍的跨性别变化超出了性,延伸到所有其他学科,以至于它们都失去了特殊性,参与到一个混乱与蔓延的过程、一个抹去各种区别的病毒性传播过程,而这个过程,正是引起今天所有新事件的最初事件。经济学变为跨经济学,美学变为跨美学,性别变为跨性别,所有这些,汇集于一个连贯的、普遍的过程中,其中没有任何话语彼此之间还存在隐喻关系,这是因为,若要隐喻存在,必须首先存在有差别的领域以及可区分的客体。而各学科之间的互相传染,消解了隐喻的可能。一切成了转喻(métonymie),而这种转喻,从其定义上(或其缺少定义上)就是病毒性的。病毒的主题,并非从生物学转引而来,这是因为所有事物都在同一时刻同样地被染上毒性(virulence)、带入连锁反应、加入随机的无理智的增殖、带上转移的病症。也许是这一点造成了我们的担忧,因为隐喻仍然有它的动人之处,它是有美感的,与差异以及差异存在的幻象进行着互动。今天,转喻(即整体以及各种简单元素的互换、词汇的普遍互通)在隐喻的幻象破灭时建筑了自己的领地。

所有范畴都各自受到了污染,某个领域可以与其他的互换,各种体裁混杂而不分。于是,性不再处于性本身之中,而是到处可见。政治不再处于政治本身之中,而是传染到经济、科学、艺术、体育等各个领域。体育,本身不再局限于体育领域,而存在于商业、性、政治等等一般的表演模式中。体育对卓越、拼搏、创纪录以及"自我超越(auto-dépassement)"的幼稚追求,影响到了一切。这样一来,每个范畴都经历了阶段转换,它的本质像在一次次小剂量的顺势治疗①下渐渐稀释,而后在溶液整体中变得无限

---

① 顺势治疗,或顺势疗法(homéopathie),认为某种疾病的病原物质经过高度稀释并服用就可以治愈该疾病,是一种伪科学,但并未完全离开今天法国的药剂店。——译注

稀少,直到最终消失不见,留下一道没有标记的痕迹,就像水中留下的记忆①。

因此,艾滋病就是上述现象的一种反映,它与过量的性欲或性快感没有太多关系,它是性侵入生活各个方面而患上的代偿失调(décompensation),也是性疏散而变为各式各样的琐碎诅咒。性的现状,在原则上发生衍射(diffraction),进入分形的、显微级的、非人的层面,正是这种衍射,带来了传染病的根本性混乱。

也许我们仍旧对性存有记忆,就像水记得稀释其中的分子的记忆。但问题恰恰在于,这种记忆,只是分子的记忆,是对过去生活的身体记忆,它不是对各种形式或各种独特性的记忆(难道水能够记下某张脸的各种特征、眼睛的颜色等等这些形式?)。所以我们所留下的,是没有面容的性的留痕,而它无限稀释在政治、媒体和传播的文化泡沫中,直到艾滋病的毒性爆发中。

有一种法则被强加给我们,即体裁混杂的法则。在同一时刻,一切都是性的,一切都是政治的,一切都是审美的。特别是1968年以来,一切都附带了政治意义:不仅是日常生活,还包括疯狂、语言、媒体,甚至欲望也成了政治的,因为它涉及解放运动和各种大众集体进程的领域。同时,一切都变成了性的,一切都成了欲望的客体(objet):权力、知识,所有这些都被套进性幻想和性压抑的词汇,而性方面的偏见遍及各处。同时,一切都审美化(s'esthétiser)了:政治在景观中审美化,性在广告和情色影视中审美化,而各种活动的整体,在人们通常所称的"文化"中,即媒体、

---

① 水中留下的记忆(mémoire de l'eau):一种科学假说,认为水接触其他物质后会留存其痕迹。——译注

广告所主导的侵入一切的符号转化中,在这个文化"复印"阶段里,也审美化了。每一个范畴,都发展到最大的普遍化(généralisation)阶段,以至于最终失去了所有的特质,并被所有其他范畴吸收了。当一切都是政治的,那就没有什么是政治的了,而政治这个词就不再有意义。当一切都与性有关时,那就没有什么是关于性的了,而性也因此失去了它的关键作用。当所有的事物都是审美的,那么也就不存在美丑之分了,而艺术本身也就消失了。各种事物的这种矛盾状态,既是理念的完全实现、现代运动的完美结果,也是它的否定、是它的过剩和超出自我界限的拓展肃清了自身。这种事物状态,可以被同一种说法概括:跨政治、跨性别、跨审美的变迁。

再也没有先锋、政治、性或是艺术值得我们期待,或者能让我们以欲望、革命、形式解放为名义作出激进的批判。这种革命运动的日子已经远去。现代性的光辉进程,并没有像我们曾经期待的那样促成各种价值的蜕变,而是导致了价值的散布和退化,而其结果,为我们带来了全盘的混杂,让我们无法从各种事物的审美、性和政治计算中重新得到其原则。

而在马克思之后的一个半世纪的历史里,我们明显看到,无产阶级还没有成功地否认自身。无产阶级没能否认自身拥有的阶级身份,从而废除阶级社会本身。这也许是因为,无产阶级从来不像我们先前认为的那样,是一个阶级,而且只有资产阶级才是真实存在的阶级,也只有资产阶级可以否定其自身。因为事实上,资产阶级已经伙同资本,造成了一个没有阶级的社会,但这完全不是革命的结果,不是无产阶级否定自身的结果。至于工人阶级,这个阶级只不过消失了。他们与阶级斗争一同消失不见了。①当然,毫无疑问的是,资本主义若是顺着它自相矛盾的逻辑一直发展下去,本应该被无产阶级击败。马克思的分析,仍然完美得无可指摘。但是,马克思没有预见到,资本在面临其内在威胁的情况下,也有可能进行自身的跨政治变迁。也就是说,资本将自身带入了一个超越各种生产关系、各种政治冲突的轨道中,以一种悬浮、张扬而任意的形式获得自主性,从而以资本的图景形塑整个世界。先前的资本被政治经济学和价值规律约束着,所以在这个意义上,跨政治变迁之后,资本(如果还可以叫作资本)成功地逃离了自身本该有的结局。自此之后,它的运作超出了它自身的各种目的,完全摆脱了任何约束。这种变化的序幕,无疑就是1929年的大萧条,而1987年的股市危机不过是其余震。

革命理论中还有一种受到热捧的乌托邦幻想,即随着社会发展到透明化与顶峰,国家会走向消失,政治将否定自身。可惜,这个过程并没有发生。发生的是,政治领域的确消失了,但其结果是,政治领域不但没有在社会领域中超越自身,反而将社会领域带入了消失。我们如今处在跨政治领域,换句话说,我们抵达了

---

① 作者本段试图对马克思关于无产阶级"消灭"自身,即消灭阶级社会的观点提出质疑。他一方面认为"无产阶级还没有成功地否认自身",另一方面又自相矛盾地认为"工人阶级……与阶级斗争一同消失不见了"。这表明作者对资本主义的批判是一种囿于西方视野的批判,带有浓厚的悲观主义思辨意味。事实上,如果作者所谓"跨政治变迁"的分析具有一定的合理性,那么它并没有超越资本主义基本矛盾的逻辑发展,因而要求在这一发展中重新理解"跨政治"的政治和阶级斗争范畴,而不是简单地抹杀它们。请读者明鉴。——编者注

政治的零点,而这个阶段意味着政治进入了再生产、人们对政治作着无止境的模拟,因为所有没能自我超越的事物都有权利无限复活。所以,政治的消失永远不会停止,也不会让其他任何事物在它的位置上诞生。我们处于政治的歇斯底里的发作中。

而艺术,也没有如同现代美学的乌托邦所说,超越自身而成为生活的理想形式(在早期,艺术不需要自我超越而达到整体,因为整体已经以宗教的形式存在着)。艺术并没有在一种超越的理想性中终结自身,而是在日常生活的普遍审美化中自我消解了。它的消失,是为各种影像的纯粹流通让道,变成一种平庸性(banalité)的跨美学。艺术的这种剧变,甚至早于资本而发生。如果说,政治的关键转变是1929年那场具有战略意义的危机,在那个时刻,资本借危机而开启了大众的跨政治时代,那么艺术的关键转变,毫无疑问是达达主义和杜尚出现之时,在这个时刻,艺术背弃了审美游戏中它所特有的规则,堕入了属于影像平庸性的跨美学时代。

性的乌托邦,也没有成为现实。这种乌托邦曾追求让性不再作为单独活动,而成为全体的生活,而性解放运动仍在追求这些:将欲望扩及整体、让欲望属于不论男女的每一个人、理想化的性别特征、让欲望凌驾于性别差异。但事实上结果是,性解放所实现的性的自治,仅仅是各种性符号的漠然流通。尽管我们无疑在向跨性别状态过渡,但这已经与通过性进行生活革命的初衷毫无关系,我们只不过制造了混杂和混乱,是它们造成了性在实际上的淡漠。

而信息和传播(communication)的胜利,难道不也是一样,要归于社会关系无法作为异化的关系而自我超越吗?如果没有这种超越,这种关系就只能在传播中自我重复、在各种网络的繁杂中扩散、陷入各种网络的漠然。传播比社会本身更具社会性,它是超关系的(hyperrelationnel),是由各种社会技术强化了的社会性。但究其本质,社会并非如此。社会,本来是一种梦境、一种神话、一个乌托邦、一种冲突与矛盾的形式、一种暴力的形式,总之是一个间断与例外的事件。而传播,将交互渠道平庸化,从而让社会的形式陷于漠然。这也是为什么不存在基于传播的乌托邦。由一个传播社会构成的乌托邦,这本身就是无意义的,因为传播的产生,本来正是源于社会无法超越自身、追求其他目的。对于信息来说也一样:过剩的各种知识,沿着表面漠然散播,但所做的只是互相置换。在交互界面上,对话者们彼此相继,像一个个电源和插座那样彼此相接。只有这些,在人们眼前传播,像在某种单向环路中转瞬即逝,而若要传播效果更好,这些信息必须来得更快,这里没有时间用来沉默。沉默被从屏幕上驱逐、从传播中驱逐。各种媒体影像(媒体文本也可看作媒体影像)永不会沉默:各种影像和信息必须无间断地彼此接连出现。然而,沉默正是环路中的一个断点、一场微型事故、一种意外,例如发生在电视直播中,它就会变得极有意义。这样的裂口,承载了焦虑和欢笑,它证实这整个传播不过是照本宣科,是一场无中断的虚构,旨在为我们填补真空:不仅是电视屏幕中的真空,也是我们精神中的真空,因为我们以同样的迷恋紧盯脑中的屏幕。在某个罢工的日子,有一个人静坐沉思,因为他面前的电视屏幕只有空白画面,这幅场景,也许将成为20世纪人类学的最佳研究资料之一。

跨美学变迁

Transesthétique

关于艺术,我们看到它在四处繁衍,而有关艺术的言论,则繁衍得更快。本来,艺术有其特别的才能,它制造冒险,促生幻想,可以否认真实并建立与真实相对的另一幕场景,在那里,事物遵循着更高等游戏的某种准则、某种超越的手法,让各种存在,在画布上的线条和颜色之间,失去它们的意义、超出它们的本来目的、随着某种诱惑的势能重新找到它们的理想形式,而这种形式,也即它们自身的消灭。但这个意义上的艺术,已经消失了。艺术的消失,像作了象征性的妥协,它借此区别于各种审美价值的单纯生产,即我们所谓的文化:符号的无止境的增殖、对过去和现在各种形式的回收再利用。艺术再没有什么基本规则,不再有什么判断和欣赏的基准。在今天的美学领域里,再没有上帝来认领他的子民。[①] 或者换个比喻来说,关于审美的判断和欣赏,已经没有类似黄金本位(étalon-or)的定规。如此情景,就像我们的货币不再可兑换,每种货币都有自身汇率的波动,因为它们不再能换成真实的价值或财富。

艺术的处境也是如此:它来到一个高速流通、不可交换的阶段。各种艺术"作品"不再可以交换,无论是彼此交换还是换作相关价值。它们不再有充当文化之力的那种隐秘的契合。我们不

---

① 典出13世纪教皇英诺森三世对法国贝济耶的屠城敕令:"杀掉所有人,上帝自会认得他的子民。"——译注

再品鉴它们,只是遵循各种越来越矛盾的标准来对它解码。

艺术领域里,不再有什么事物会产生自我冲突。新立体主义、新表现主义、新抽象主义、新具象派,所有这些奇妙地共存于一种彻底的漠然中。这是因为,这些流派不再有自身的特别才能,从而可以共存于同一个艺术空间。这也是因为,它们在我们身上激起了一种深层的漠然,让我们可以同时接受不同的流派。

于是,艺术世界呈现出奇特的景象。这就像艺术和艺术的灵感陷入停滞,就像艺术经过几个世纪蓬勃发展后突然止步,只是僵化于它自身的形象和富足。当代艺术整个痉挛式的运动背后,有一种惰性,这种惰性,无法再超越自我,只能越来越频繁地回到自身。一方面,艺术的生动形式陷入停滞;另一方面,艺术发生了增殖、喧闹的竞相抬价、各种先前形式的改版(已死去的事物在自身中的运动)。所有这些都是合乎逻辑的:只要有停滞(stase),就会有转移(métastase)。当一种有生形式发生失序,当一套基因传导中的规则停止运作(比如癌症),细胞就会进入紊乱的增殖。深层意义上,面对当前艺术的失序,我们可以发现一种审美密码的断裂,就像我们在某些生物体的失调中看到遗传编码的断裂。

我们的社会解放了各种形式、线条、色彩以及美学观念,混合了所有文化、所有风格,从而产生了一种普遍的审美化,推广了文化中的所有形式,包括各种反文化的形式,也弘扬了所有再现与反再现的模式。如果说,艺术本来曾是一种乌托邦,即某种脱离任何现实的事物,那么如今,这个乌托邦完全成真了:在各种媒体、信息技术和影像的帮助下,每个人都成了潜在的创造者。随着杜尚展出他的《瓶架》(Marcel Duchamp, *Porte-bouteilles*, 1914)、安迪·沃霍尔宣称他想成为机器,那种反艺术的构想、各种艺术乌托邦构想中最激进的一种,甚至也得到了实现。世界的整个工业机制被审美化,世界的所有无意义都在审美过程中改变了面貌。

人们常说,西方世界最昭著的事业,就是将整个世界商品化,将一切的命运都交由商品主宰。但实质上,这项事业更是将整个世界审美化、将其全球性地展示、将其变成各种影像、对其作出符号学的组织。我们不只是参与了基于商品的唯物主义,更是通过广告、媒体、影像而将一切带入符号学。一切事物,无论多么边缘、平庸,甚至猥亵,都在审美化、在进入文化和博物馆。一切都在诉说,一切都在表达,一切都获得了符号的力量或符号的呈现方式。系统运转的基石,与其说是商品的剩余价值,毋宁说是符号的审美剩余价值。

人们提出艺术的非物质化(dématérialisation),即极简主义艺术、概念艺术、瞬时艺术(art éphémère)、反艺术,认为这些艺术带来一种透明、无形、脱离形体的美学,但实际上,这反而说明美学通过可控的形式,在各处物质化了。另外,艺术也是因此被迫让自身最小化、去演出自身的消失。艺术已经在一个世纪以来,按照各种游戏规则进行这个过程。艺术正如各种消失的形式那样,将自身替换为模拟。艺术即将消失,然后只留下人为的庞大美术馆和汹涌泛滥的广告。

艺术的各种形式、各种欣赏造成了各方面的眩迷,与曾经的巴洛克风格如出一辙。不过,巴洛克之中那人为的眩迷,有其肉欲的一面。我们虽然也像巴洛克艺术家那样无节制地创造图像,但背地里却是反传统的。这并不是说我们毁灭了各种影像,而是说我们制作了过量的影像,但**其中无所可见**。当代的大多数影像,诸如视频、绘画、各种造型和视听艺术、电脑合成影像(image de synthèse),都是确凿的无所可见的影像,没有痕迹,没有影子,也不产生任何结果。我们面对它们时只能感到,它们每个的背后都像失去了什么。它们的意义只是摆设在那,只是某种事物消失的尾迹。单色图画让我们着迷,是因为它没有任何形式而产生奇妙的魅力。它留有艺术的形式但除去了所有审美语法。这正如变性之所以让我们着迷,也是因为空留景观的形式而除去了性别差异。而这些图像,无所隐藏,却也无所揭示,带有某种否定的张力。安迪·沃霍尔的《金宝汤罐头》(Andy Warhol, *Campbell's Soup Cans*, 1962, 丙烯颜料帆布画)的唯一优点,是让我们不再关心美与丑、真与假、超越与内在。这就像拜占庭的圣像画,让人们不再询问上帝是否存在,也让人们因此保持了对上帝的信仰。

然而这就是不可思议之处。我们的各种影像,正像那些图腾:它们让我们继续信仰艺术,避而不谈它是否真的存在。所以,我们也许应该把整个当代艺术看作一整套仪式,而它的目的,只是进行仪式,没有人类学之外的任何意义,也彻底脱离任何审美判断。这样一来,我们似乎回到了原始社会的文化阶段(艺术市场投机性质的恋物情结,也协助了艺术透明化的仪式)。

我们已经处于超审美或初级审美阶段。我们不必煞费苦心,去为我们的艺术找到审美上的一致性,或断定其命运,因为那就像去红外线和紫外线中寻找天蓝。

从这个意义上,我们因为不再有美和丑,不能对此作出判断,所以陷入了漠然。但在这种漠视之上,我们有了另一种迷恋,用它代替了审美欣赏。这是因为,美和丑一旦从各自的约束中解放,就会发生某种叠加:它们变得比美的更美,或比丑的更丑。所以说,如今的绘画并不是在培养丑(丑仍具有某种审美价值),而是在让丑的更丑(变成"不良的""更差的"、媚俗的),而这种丑,其力量得以倍增,因为它脱离了与其反面的联系。一旦摆脱了"正宗"蒙德里安(Mondrian)①画风,你就有你的自由去画得"比蒙德里安更蒙德里安"。一旦摆脱了真正的天真,你就能做到"比天真更天真",如此等等。而一旦摆脱了现实,你就可以做到"比现实更现实":即超现实(hyperréel)。况且,一切的开端,正是超现实主义和波普艺术(Pop art),正是因为写实摄影的反讽能力凸显了日常生活。时至今日,这种趋势已经蔓延至每一种艺术形式、每一种艺术风格,让它们来到了基于模拟的跨美学领域。

而艺术市场本身也在这蔓延的趋势中。由于艺术市场终结了所有商品性的价值法则,所以一切都变得"比贵更贵"了,成交价平方级增长:我们经常见到离谱的高价、狂热的哄抢。审美游戏一旦没有了规则,就向各个方向发散出去,与此同理,交换法则一旦失去了所有参照,市场就陷入了毫无节制的投机。

艺术市场里,有同样的失控,同样的狂乱,同样的过剩。艺术的生意兴隆,可以直接联系到所有审美评价不再可能。价格高

---

① 蒙德里安(Piet Cornelies Mondrian,1872—1944),荷兰画家,风格派和非具象绘画的创始人之一,主张用垂直线和水平线表现艺术作品的"形式美",反对用曲线,因而摒弃艺术的客观性和生活表达。此观念对之后的建筑、设计等领域影响深远。——译注

昂,是因为价值评判的缺失。价值陷入了迷醉。

在今天,艺术市场有这样两种,一种仍旧依赖各种价值的层级而自我调节,即使这些价值已然是投机的;另一种则可参照金融市场中浮动而不可控的资本:它只有纯粹的投机行为,是一场涉及全盘的运动,它的存在似乎只是为了反抗价值规律。这第二种艺术市场,更像是纸牌赌博或是夸富宴①,是以价值的超空间(hyperespace)为背景的太空歌剧。我们应该为此感到愤怒吗?其实,这里并没有什么不道德。这个艺术市场,正如当下的艺术超越了美与丑,它也超越了善与恶。

---

① 夸富宴(potlatch),指北美土著部族以过度挥霍为荣的节庆仪式。——译注

跨性别变迁

Transsexuel

身体原本具有性别,如今却被赋予了某种人造的命运。这种人造的命运,就是变性①。"变性"不是就解剖学意义而言,而是就一般的易装癖意义而言,它是指改换性别符号的游戏,以及性别无差异化的游戏,它背离之前性别差异的游戏,将个性的极点无差异化,将性淡化为快感。性在于快感(这是性解放运动的主题),而变性在于人为的改变,无论是变性手术,还是易装者们在服装、体态、动作、特征上的符号游戏。但无论是手术操作还是制造符号(semiurgique)的操作,无论是符号还是器官,其中的关键都是假体。而在今天,身体的命运就是变成假体,于是合乎逻辑的就是,性别的模式成了变性式的,而变性漫布各处制造诱惑。

　　我们全都是变性者。正如我们有生物变异的潜能,我们也有变性的潜能。这无关于生物学,我们是变性者,是就象征意义而言。

　　奇乔丽纳②就是例证。除她之外,还有什么更完美的性的化身、性之中的色情之天真的化身? 奇乔丽纳曾被比作麦当娜,她们像是刚刚练就的健美成果,有一种冰冷的审美,除去了所有魅力、所有感受,像是发达的机器人,因此,我们有了一种综合的偶

---

① 变性(transsexual),或"跨性别",在正文中译作"变性"。——译注
② 奇乔丽纳(Cicciolina),意大利艳星,曾与当代艺术家杰夫·昆斯有过短暂婚姻。——译注

像。然而,奇乔丽纳不就是个变性者吗?她有浅金色的长发、圆勺般的胸型、充气人偶般的理想身材、漫画和科幻小说中冰硬的情欲,不仅如此,她的性言论更是放纵不羁(但绝非变态和放荡),时刻处在越界的边缘。这来自色情电话另一端的理想女性,有一种噬人般的情欲意识形态,远超今天任何女性所能给予,然而,那些变性者或是易装者恰恰也能轻易做到:我们知道,只有这些人,本来就活在各种夸张的、噬人的性符号里。奇乔丽纳这肉身的无心之人,联并了麦当娜的人造风靡,或许还有迈克尔·杰克逊那去性别的、弗兰肯斯坦①般的吸引力。这些人,都是变异者、易装者、源于基因的巴洛克式生物,他们的情欲外表,掩饰了他们原生的性征不明。他们都是"性别转换者"(gender-benders)、性的叛逃者。

以迈克尔·杰克逊为例,他是个别的变异者,是异族结合的完美先驱。这种完美,是因为普遍,它带来了所有种族之后的种族。今天的年轻人对异族结合的社会毫无抗拒:这正是他们的世界,而迈克尔·杰克逊预示了他们设想的理想未来。我们还要注意,迈克尔重做了面容,拉直了头发,增白了肤色,总之,他精细构造了自身:他实际上像是一个天真纯洁的孩子,是人造的传说般的无性人,他比耶稣更能统治世界、调解世界,因为他胜过一个神

---

① 弗兰肯斯坦(Frankenstein)是小说《科学怪人》的主人公,为英国浪漫主义小说家玛丽·雪莱所创作。弗兰肯斯坦是违反大自然生命延续法则的产物,科学家弗兰肯斯泰因取代造物者的角色,企图以自己的双手创造这个生命。——译注

子:他是假体之子,是一个胚胎,可以化成各种梦幻的变异形式,将我们从种族和性中解放。

也许有人还想到了美学领域的易装者,其中的典型人物就是安迪·沃霍尔。他像迈克尔·杰克逊那样,也是个别的变异者,是艺术上异族杂交的完美而普遍的先驱,是所有审美之后的一种新审美的先驱。正如杰克逊一样,沃霍尔也是一个完全人造而成的人物,他天真而纯洁,也属于新一代的无性人,他作为神秘的假人和人造机器,用他的完美将我们从性和审美中一举解放。沃霍尔说,所有的作品都具有美,我无可取舍,所有当代的作品都有同等价值。他还说,艺术无处不在,因此不再存在,每个人都很有才能。每个人哪怕以其平庸的现状,也都很有才能。这些话,当然让人无法相信。然而,他的这些话,描绘了现代美学的构造,它基于一种彻底的不可知论。

我们都成了不可知论的信徒,成了艺术上或者性方面的易装者。我们对艺术和性再也没有信条,却都倾诉着自己的那些信条。

性解放的神话,还在许多现实形式中延续,但在想象的层面上,是变性的神话占据了主导,产生了无性和双性的变种。狂欢之后,是一场变性舞会。欲望之后,扩散开来的是各种性欲拟象(simulacre)的混杂,和盛极一时的变性媚俗。这可以称作后现代的色情,在其中,性别迷失于表演式的过分模糊。一切都变了,自从性和政治携手酿成一个颠覆性的事件:现在,奇乔丽纳当选为意大利议会的议员,这正说明变性与跨政治在颇具讽刺的淡化中互相结合起来了。这种好戏,在仅仅几年前还难以想象,而现在却能说明,不仅性文化,而且整套政治文化也去了变性的一方。

这是一场驱魔,通过各种性别符号对身体驱魔,通过夸张地表现欲望而对欲望驱魔,而这种驱魔式的策略,比过去那种禁忌式的压制远为奏效。这种策略与旧策略的不同之处在于,我们看不出来谁从中得益,因为每个人都身处其中。这套易装癖的体制,已经成为我们的行为基准,影响着我们对身份和差异的探求。我们不再有时间去档案中、记忆中,抑或在一个方案、一种未来里去寻求我们的身份。我们不得不依靠一种瞬时的记忆、一种直接的转换、一种可以即时自证的广告牌式的身份。于是,今天人们不再寻求那代表了有机平衡状态的健康,转而寻求将身体短暂地、无菌地、广告式地扩散,人们追求的远不止一个理想状态,而是一场表演。用时装和外表的词汇来说,人们追求的不再是美或是诱惑,而是那副穿搭(look)。

　　每个人都在寻找自己的穿搭。人既然不能再从自身存在中产生任何主张,能做的就只有**外表的展示**,不再关心存在,也不再关心是否受到观看。这种情况,不是说:我存在,我就在这!而是说:我是可见的,我是图像——你看(look)!你看!这甚至不属于自恋,这是没有内里的外向性,是一种自我宣传式的天真,在其中,每个人都变成了主管自己外表的经纪人。

　　"穿搭"是一种极简的图像,最不需要定义,它就像麦克卢汉所称的视频图像(image video)、可触图像(image tactile)。这种图像,不再像时装那样招徕视线和欣赏,而只产生一种纯粹的特别效果,不具有个别意义。穿搭已经不再属于时装,它是一种超越了时装的形式。它甚至不再诉诸彰显自身的逻辑,不再是一种形成差异的游戏,**它作出不同却毫不经意**。它来自于漠然。自我存在,成为一出转瞬即逝的表演,它不关心明天,是在一个已经无所谓风格的世界里的被祛魅的风格信仰……

回顾过去,这场变性和易装癖的胜利,让我们对更早一代人的性解放运动产生了一种特别的看法。那场性解放运动,并没有依据自身所说,极大地促生身体的情欲价值、格外地提高女性与享受的地位,也许仅仅充当了去往种类混杂的过渡阶段。性革命也许仅仅是朝向变性的一个步骤。从根本上讲,它是所有革命的不良宿命。

控制论(cybernétique)的革命在面对人脑和电脑之间的等价性时,提出这个关键问题:"我是人还是机器?"现今正在发生的基因革命,又给人带来这个问题:"我是人还是潜在性质上的克隆产物?"而性的革命,释放出欲望的全部可能性(virtualité),给人带来了根本的问题:"我是男性还是女性?"(精神分析学说至少辅证了这条性别不确定原理)。至于政治和社会的革命,它作为所有其他革命的原型,供人使用他的自由和自身意志,以无可回避的逻辑,让人去追问自身意志的所在、什么是内心所想要的、对自身可以有何期待,而这些都是不可解的难题。这就是任何革命的矛盾结局:革命同时也肇始了不确定、焦虑和迷惑。一旦狂欢过去,人们都会因解放而去寻找种族和性别上的认同,而可能的答案会越来越少,因为各种符号广泛流通,而各种愉悦大量增殖。我们就是这样成为变性者。我们也是如此成了跨政治的人。换句话说,我们在政治上变得一概漠然、并无差异,既是两性人,又是无性人。我们曾经迎来、融入又拒斥了极为矛盾的各种意识形态,所留下的仅有面具。我们也许并无自觉,但我们在思想上已经成了政治的易装癖。

跨经济变迁

Transéconomique

1987年华尔街发生金融危机时,最耐人寻味之处是这场灾难无以确定。它真的造成过、真的将造成灾难吗?答案是:并不会有真正的灾难,因为我们就生活在**虚拟**(virtuel)灾难的支配下。

在这种情况下,我们越来越清晰地看到,虚拟经济和真实经济之间存在着分歧。而两者之间如此大的分歧,恰恰保护了我们,让我们能够抵御既有生产性经济的真正灾难。

这是好还是坏?这种分歧,与太空卫星战和领土争夺战之间的分歧有明显的相似性。领土战争到处都可能发生,但核战争却从不会爆发。如果这两者之间没有明显分歧,那么核战争的对决早就应该发生了。现在支配着我们的,就是那些不会爆发的炸弹和虚拟灾难,比如世界范围的股市和金融市场的崩盘、核武器对决、第三世界债务危机、人口危机。当然,我们完全可以说,有一天所有这些炸弹真的会引爆,就像早就有人预估,接下来的50年中,整个加利福尼亚州会因为地震引发的滑坡而沉入太平洋。但事实上,在我们所处的形势下,这些都不会发生。我们仅有的现实是,这个资本所操控的圆形运转轨道,在崩溃时,并不会在真实经济中引起实质的失衡(与此形成鲜明对比的是1929年的经济危机,在当时,虚拟经济和真实经济之间远未发生脱离)。毫无疑问,原因在于,流动资本和投机资本的领域已经获得了高度自主性,以至于它产生巨大动荡后也不会留下什么痕迹。

然而,这些动荡确实已经在经济理论本身之中留下了一道致命的痕迹。经济理论完全无以面对它的研究对象爆发危机。同样无能为力的,是各种战争理论家。因为在战争中,终极炸弹也不会引爆,而是战争自身分裂了:一方面是一场全面而虚拟的、按轨道运行的战争,另一方面是多种真实的地面战。这两种战争,在规模和规律上都相当不同,就像虚拟经济和真实经济的差别。我们只能去适应这种分裂,适应这失真的世界。当然,我们确实有过1929年的金融危机、广岛原子弹袭击,有过一个金融崩溃与核战争的真实瞬间,但是,我们并没有见到资本主义(像马克思预言的那样)进入愈加严重的危机、战争冲突愈加频繁地爆发。事件只是发生了一次,仅此而已。后续则完全是另一回事:大型金融资本发生了超现实化(hyperréalisation),战争杀伤手段也发生了超现实化,两者都在我们头顶上围绕轨道运行,逃离了我们的掌控,同时也逃离了现实本身:超现实的战争、超现实的货币,运行在一个不可触及的空间中,同时毫不干涉世界的现状。这就导致,各种经济继续进行生产,尽管虚拟经济中各种波动所产生的任何可能后果,都足以摧毁真实的经济(要知道,今天贸易总量仅仅是资本流动量的四十五分之一)。而世界继续存在着,尽管现存核武力的千分之一,都足够使世界化为灰烬。第三世界和发达国家继续存在着,尽管一方在债务审计上稍有动作,就足以让全部贸易停滞。此外,债务自身已经开始进入运行轨道,从一家银行流通到另一家银行,或从一个国家流通到另一个国家,偿还方轮流接手。正是因为如此,我们终于把债务抛之脑后,将它像核废料以及其他很多东西一样,送上空间轨道。债务在不断转手,各种不存在的资本在持续流通,尚未得到偿付的财富也注定会流入股票市场:这是真正的奇迹!

当债务变得过于庞大时，我们就把它放逐到虚拟空间中，它在那里，像是停滞中的灾难，沿着轨道运行。债务就像战争，成为地球的一颗卫星，它也像价值数十亿的流动资本组成的一个卫星集群，永不疲倦地环绕着我们。而这显然是件好事。这个卫星只要保持环绕运转，即使在空间中爆炸（就像1987年金融危机造成数十亿的"损失"），也不会让世界遭受影响，而这是最好的可能结局。这是因为，想让虚拟经济与真实经济对接，只是乌托邦幻想：流动中的数十亿美元，难以转入真实的经济。而这也是好事，假如奇迹发生，它们一旦重新被注入生产性经济，反而会造成一场真正的灾难。同样，我们最好让虚拟战争留在轨道运动中，因为它可以在那里保护我们：核武器以它极端的抽象化，以它骇人的非常化，成为我们最好的保护。我们只能去适应在这些赘生物的阴影中生活：卫星武器、金融投机、全球性债务、人口激增（人口问题还没有轨道性的解决方案，但这在未来不是没有可能）。它们在如此的现状中，对自己的过度、对自己的超现实性进行驱魔，让世界在某种程度上完好地存在着，免于分身的威胁。

谢阁兰说，自从我们确证地球是球体之后，旅行就不复存在了，因为在球体上离开某一点，也就是踏上了返回到这一点的旅程。在球体上，直线会产生特异的弧度，形成一种单调。自从宇航员第一次环绕地球航行的那一刻起，我们每个人都开始隐秘地环绕自我而运动。轨道纪元已经开始，空间是其一部分，同样还有最具代表性的电视，以及许多其他事物，其中也包括分子的圆形轨迹以及我们的细胞秘密隐藏的DNA螺旋。第一次轨道空间飞行标志着全球化进程的完成,而进步本身进入了循环运动,人类世界成为一个巨型空间站,开始环绕运动。谢阁兰所说的"旅行",由此开始了。在这场永恒的旅行中,人们不再有真正的远行,而只是在环形的领土上打转。异域性(exotisme)一去不返。

谢阁兰的说法还有更广泛的意义。我们所失去的不仅是旅行,即对地球的想象,也失去了旨在超越与探索的物理学和形而上学,它们因为循环运动而无法存在,而任何对超越、超验、无限的追求,都会扭曲到轨道中:这就是我们的知识、技术、认知。它们在设想中不再是超验的,开始形成一个永久的轨道。比如新闻资讯,就是在轨道中运行。它作为一种认识,永远不会超出自身,不会超越或反省自身,也永远不会落地,没有实在的锚地和比照。资讯在流通、在循环,它促成它的各种革命,而这些革命有时毫无裨益(而且我们恰恰无法再追求有用了)。电视中的影像,没有了梦想,没有了想象,也与真实再也没有丝毫关系,它就是在轨道中流通。核武器,无论是否卫星装载,也都在轨道中。它的弹道不断对地球造成困扰,而它的任务却不是落在地球上:这种炸弹,并没有解除武装,也不会完成任务(至少我们希望如此),它只是留在轨道上,它足够造成恐慌,或至少形成威慑。它不会让我们想到恐怖,因为毁灭是无法想象的,它只是在轨道上,形成悬念,形成无尽的循环。我们也可以用这种观点看待欧洲美元①和大量的各种流通货币……任何东西都在成为卫星,甚至我们的大脑,也可以说不再处于我们体内,而是漂浮在我们周围,处于各种电波

---

① 欧洲美元(eurodollar),指美国之外他国所有的美元,不受美国监管,流通性更强。——译注

和信息流的波动中。

这不是科幻小说的场景,而仅是拓展了麦克卢汉的"人的延伸"(extensions de l'homme)理论。人的整个存在,他的身体,无论在生物、心理、肌肉、思维等等哪个方面,都化作机械假体或资讯假体的形式,浮在自身外围。不过,在麦克卢汉看来,这些都是一种积极的延伸,就像人通过各种媒介扩展而达到了普遍化。这种看法未免太过乐观。事实上,人们身体的功能非但没有围绕自身做**向心的**运动,反而卫星化了,对身体做着**离心的**(excentrique)运动。这些功能,都进入各自的轨道运动。这样一来,随着人的各种特有功能、各种特有技术都进入外化的轨道,人就处于离轨和离心的状态。人曾经创造卫星并把它送上轨道,而跟卫星一样,现在是人自己,与自己的地球、自己的领土、自己的身体一道,都卫星化了。人从超验的,变成了越轨的(exorbitant)。

产生卫星化、造成卫星化的,不仅仅是人体的各项功能。我们的社会的各项功能,特别是那些高级的功能,都发生脱离而进入轨道。战争、金融交易、科技领域、各种传播等等都卫星化了,进入遥不可及的空间,丢下其余的一切。任何不具备入轨能力的事物,都注定被遗弃,并无可挽回,因为它们失去了某种超验性的解救。

我们处于失重的年代。我们所处的模式,就像太空之屋,它的动能取代了地球的动能。我们的多种科技的离心能量,卸去了我们的重力,赋予了我们空洞的运动自由。我们摆脱了所有密度、所有引力,进入一种轨道运动,而它很可能成为永恒。

我们不再处于增长之中,我们处于过剩增长之中。我们的社会建立在增殖之上,它的持续增长,已经脱离了本来的各种目的;它的发展,已经不顾及本来的定义;它的各种结果互相叠加,不再有缘由;它因为过分发达、功能过剩、无所不及,带来了各种系统的奇妙的过饱和,带来一种失控。对它没有比癌症转移更好的类比了:它就等于身体缺失有机运作的规则,造成某些细胞群显示出失控的、致命的活力,不再服从基因本身的调控,并无限地增殖。

这个过程并不是危机性的:危机总是来自因果关系,来自原因和结果之间的失衡,它能否得到解决,取决于对各种原因的调整。对比之下,我们所涉及的是,这些原因本身变得无法解读,从而加强了各种空虚的进程。

如果系统中存在机能障碍,如果各种已知的运转法则没有被遵守,我们就总有希望造成系统过载而解决问题。但这个方法不再通用了,因为系统已经越过了自身,超出了本来的各种目的,所以它再也没有任何补救。缺陷并不造成什么,但饱和却是致命的:它造成一种既痉挛又怠惰的状态。

当前所有系统的肥胖症,正如苏珊·桑塔格形容癌症时所说,是"怀了恶魔的胎"(grossesse diabolique)[1],它给我们的感觉首先是震惊。这种肥胖症,也感染了我们的各种资讯机制、传播、记忆、存储、生产与销毁,它们过于浮泛,以至于在到来之前就确定

---

[1] 详见苏珊·桑塔格:《疾病的隐喻》(*Illness as Metaphor and AIDS and Its Metaphors*, Farrar, Straus and Giroux, 1989),程巍译,上海译文出版社,2003。——译注

自己派不上什么用场。事实上,在我们还没有终结使用价值的时候,是系统自身以过剩的生产解除了它。太多的东西被生产出来、积累起来,以至于永远没有机会使用(当然对核武器来说,这不是坏事)。太多的信息和信号被生产和散播,以至于永远没有机会被解读。这对我们真是再好不过!因为我们只接收了一小部分信息,就已经处于永久的电刑。

这种奇迹般的无用性之中,有一点令人格外反感。我们反感于这个世界不断增殖、越来越胖,却不会分娩。那所有的记忆、所有的档案、所有的文献,却分娩不出一个想法;那所有的计划、所有的方案、所有的决策,却分娩不出一次事件;那所有的精密兵器,却分娩不出一场战争!

这种饱和,远远超出巴塔耶所说的过剩(excédent)①。他认为,不论何种社会,都能通过无益且奢侈的消耗得到缓解。但对这样的积累,我们已经做不出任何消耗,我们仅能得到的,是一种缓慢或残酷的补偿:那每一个加速系数,也都是代表着惰性的系数,正把我们带到惰性的极点。我们对灾难的感受,实际上就是对这个惰性极点的感受。

我们处于这个两面性的过程中,它既在痉挛又带有惰性,它是在虚无中的加速,它在没有收益、失去各种社会追求的同时不断提高生产水平。这个过程,反映出经济危机中往往出现的两种现象:通货膨胀和失业。

在传统意义上,通胀和失业,是增长的等式中自带的变量:它

---

① 详见巴塔耶:《被诅咒的部分》(*La Part maudite*, Zone Books, 1949),刘云虹、胡陈尧译,南京大学出版社,2019。——译注

们并不说明发生了经济危机。造成危机的,是各种失范的过程,而失范(anomie)就潜伏在整体有机联系的暗面。我们真正应该担忧的,正是异常(anomalie)。异常不是清晰可辨的征兆,它尤其标志着衰弱,标志着游戏规则已被违反,而对这秘密的游戏,我们也许从不了解。异常也许代表目标的过剩,而我们对此并不知情。我们已经无法把握某些事物,无法把握我们自己,因为我们已经进入一个不可折返的过程,我们已经错过了某个折返点,丢下了各种事物之间的矛盾,相拥来到一个没有矛盾的世界里,这里一切都已失控,令人迷醉,令人错愕,这里进展着各种不可逆的过程,尽管它们毫无意义。

有些事物比通货膨胀更为惊人,那就是大量的流动货币,它在圆形的轨道中环绕着地球。唯有它堪称真正的人造卫星:货币成了纯粹的人造物品,具有惊人的流动性、瞬时的互兑性,而它终于找到了真正的领地,那里比股市还要神奇:它在轨道上,时涨时落,就像人造的太阳。

失业的意义也改变了。它不再属于某种资本策略(马克思所说的工业储备军),它不再是各种社会关系中的一个关键因素,如若不然,在警戒线早就被超出的此时此刻,失业早该引发了前所未有的剧变。在今天,什么是失业?它也是一颗人造卫星,是一颗有惰性的卫星,是一块带电的物体,不过不带负的电荷,因为它只有静电,它是僵化的社会中一个愈加沉重的因素。尽管各种流通和各种交易在加速运转,尽管运动在激化,我们当中、我们每个人之中的某种事物却在减缓,直到逐渐退出流通。而整个社会,都围绕这个惰性的极点做着引力运动。这就像我们世界的各个电极彼此接近,形成短路,而这种短路既产生了各种繁荣的结果,也造成各种潜在能量的衰弱。这并不造成危机,却是一个宿命般的事件,是灾难的缓刑。

在这个意义上,如果我们还说想让经济战胜危机、重回正轨,就至少是一种矛盾了。我们还有"经济"可言吗?这个鲜亮的现状,失去了马克思主义的经典分析中的那种意义。这是因为,为现状提供动力的,不再是物质生产所构成的经济基础,也并非上层建筑(superstructure),那动力是价值的**解构**(déstructuration),是各种真实市场和经济的失衡,是某种经济的胜利:这种经济,挣脱了意识形态、社会科学与历史,挣脱了经济本身而交由纯粹的投机;这种虚拟经济,挣脱了各种真实经济(当然不是真实地而是虚拟地挣脱,然而今天,持有权力的恰恰不是现实性而是虚拟性);这种病毒性经济,由此加入了其他各种病毒传播过程。如果说经济领域重新成了当前现实的模范舞台,那么这个舞台就只是搭设给一种非理性游戏中的各式特技表演和意外事件。

我们曾与马克思一道,梦寐以求那政治经济学的终结[①],认为它将遵循资本主义危机的必然逻辑,伴随各个阶级的消亡与社会

---

① 作者这里的"政治经济学"指的是资产阶级政治经济学,所以他认为马克思的"政治经济学批判"阐述了政治经济学所体现的资本主义经济原则的"终结"。——编者注

的透明化而到来。我们曾梦寐以求那些经济原则的自我废止,以及马克思主义批判理论与此同时也自我废止:经济与政治的首要地位将互相消解;经济将像次要问题一样,直接得到废除,它将沦陷于自身的拟象,败退给一种更高的逻辑。

今天,我们甚至不用做这样的梦了:政治经济学就在我们眼前走向终结,摇身一变,成为投机的跨经济学,游离于它固有的逻辑(价值规律、市场规律、生产、剩余价值、资本主义的经典逻辑),因此,其中既没有了经济,也没有了政治。这场纯粹的游戏中,只有那些悬置的、任意的规则:这是围绕灾难而展开的游戏。

所以说,政治经济学的确面临终结,但完全背离了我们的预期。它在自我加剧中沦为玩笑。而投机,并非出自剩余价值,它是价值的迷醉(l'extase de la valeur),它不再关系到生产或是各种真实处境。投机是纯粹的、空白的形式,这种形式剔除了价值,其运作只为追求自身的循环往复(环绕自身轨道的运动)。政治经济学自身的失衡势不可挡,带有几分反讽,葬送了任何备选方案。它用它的方式,从它的扑克游戏、夸富宴、"受诅咒的部分"(la part maudite)①中吸取能量,不断自我膨胀,正过渡到政治经济学的审美化与妄为阶段,而对此我们又如何阻止? 这意外的结局,这阶段的转换,这自身的扭曲,在深层意义上,要比我们的各种政治乌托邦更发自根源。

---

① "受诅咒的部分"是法国思想家巴塔耶在1949年的著作《受诅咒的部分:普遍经济学随笔》(南京大学出版社2019年出版的中译本译为《被诅咒的部分》)中提出的重要概念。——译注

超导性事件

Les événements supra-conducteurs

在我们眼前,是什么在同时宣告胜利?那就是作为跨政治形式的恐怖主义,作为病理形式的艾滋病和癌症,作为性别形式和一般审美形式的变性与易装癖。仅是当前这些形式,就足够令人思索。如今人们感兴趣的不再是性解放、政治辩论、肌体病患,甚至也不再是常规的战争(就战争而言,这不是坏事:许多战争正因为无人关心而不会发起)。真正精彩的在于别处,在于上述三种形式,它们每一种的形成,都归于某种基础功能的原则发生错乱,归于由此引发的各种结果互相掺杂。恐怖主义、易装癖、癌症,它们各自对应着政治游戏、性别游戏、基因游戏的恶化,同时也对应着政治、性别、基因各自在编码上的缺陷和崩溃。

所有病毒性的形式,诱人却又漠然,它们在各种图像的毒性中增殖,这是因为,各种现代媒介本身就有一种病毒性的力量,这种毒性还可以传染散播。我们的文化,直接辐射着我们的身体和精神,如果说这种文化可以制造出各种最美的结果,那么我们就不用奇怪它也制造出了最致命的病毒。自广岛开始,人们的身体集体受到了核辐射,而这种辐射仍在不间断地流行,它的来源就是各种媒介、图像、符号、节目、网络。

事实上,我们已经沉浸在各种"超导"(supra-conducteur)事件当中:它们横跨大洲而猝然爆发,不再作用于国家、个人和制度,而触及全体结构的各个横截面:性别、金钱、信息、传播。

艾滋病、金融危机、电脑病毒和恐怖主义,它们虽不是彼此相连,但存在着亲缘相似性。艾滋病,就是某种性价值方面的经济危机;而电脑在1987年华尔街金融危机中发挥了"病毒般的"作用,与此同时,电脑本身也遭到病毒感染,经历着信息价值上的经济危机。感染并不是发生在每个系统内部,而是由一个系统传给另一个系统。所有这些趋势,围绕着一个共同的剧本展开,那就是灾难。当然,这种失常的多种迹象早已出现:艾滋病已经蔓延开来;金融危机已经有过1929年众所周知的先例,并且一直存在威胁;各种盗版和电脑故障已经伴随了我们二十多年。不过,这些传染性的形式一旦互相关联起来,一旦几乎同时过渡到急速发展的反常状态,就造成了一种不同的局面。而在大众意识中,它们各自造成的结果并不是同等的:艾滋病或许被人们看作真正的灾难;相比之下,经济危机像是灾难的表演;至于电脑病毒,它当然可以造成严重后果,但更是一种惹人发笑的反讽,大范围的病毒爆发让电脑纷纷崩溃,可能至少会在人们想象中引发一种合情合理的欢乐(电脑专家除外)。

这种结果也会在其他方面体现。艺术,在各处招致伪造、复制、拟像,同时也受到艺术品市场疯狂抬价的影响,它名副其实地成为身体受到金钱辐射后发生的病灶转移。想想恐怖主义,在我们这个受辐射的社会里(至于受何物辐射,是幸福、安全、信息、传播的不停流动?还是各种象征核心、基本规则、社会契约的全面解体?谁又能回答),它所引发的连锁反应就如同艾滋病、破产公司收购者与黑客。恐怖主义的传染性与迷惑力,与其他这些现象一样不可思议。当一个程序员在他的软件里放入"软炸弹"(soft bomb)时,当他把这种破坏力用作威胁时,他难道不是实际上把程序与其功能当成了人质吗？而破产公司收购者投机于上市公司的存活危机时，难道不是把这些公司当作了人质吗？所有这些现象，在模式上都等于恐怖主义（人质都有明码标价，就像股票或是画作），而且，我们也可以说恐怖主义的模式等于艾滋病、电脑病毒或是公开出价收购（OPA①）的股票交易：它们当中，没有一种比其他更特别，它们同属一个现象集群（最近发生的事例可供参考：一个公开发行的艾滋病资讯磁盘，本身就携带着能使电脑瘫痪的病毒）。

这是科幻小说的情节吗？绝对不是。在信息与传播领域，信息的价值就是它纯粹的传播价值，让它从一个图像传到另一个图像，从一个屏幕传到另一个屏幕。我们每个人，都把这种新的离心价值当作景观（股市、艺术市场、破产公司买卖）来欣赏。我们每个人从中享受的，都是这资本制造的景观式美化和审美谵妄。我们享受的，是这个系统的隐秘病理，以及病毒如何侵入这套巧妙的机制并让它出错。实际上，病毒构成了我们各种系统的超逻辑的一致性，它们渗入其中每条路径，甚至开启新的路径（各种电脑病毒探索了网络本身没有预料到的边界）。电脑病毒，就是信息的致命的透明性在世界范围内的表达。艾滋病，就是性的致命的透明性在全人类范围内的发散。股灾，就是各种经济的致命透明性由此及彼的表达，就是促使了生产与交换的各种解放价值的

---

① OPA（offre publique d'achat），公开出价收购，或称要约收购，是一种常见的公司收购方式，其中收购人需要向目标公司的股东发出收购公告。——译注

爆发性流通。所有的进程一旦"解放",都会进入过流体状态①,它的原型就是核聚变。各种事件进程的这种过流体状态,就是我们这个时代的一种奇特现象。

各种事件的更奇特之处,在于不可预见。无论何时,任何预测都会引发相反的发展。事件经常如此变化。于是,有些反复预测过的事件,却迟迟不会发生;反之,有些事件又会不告而至。这种局势逆转,就像发动机的回火,而人们不得不押注在这**事件的恶作剧**(*Witz événementiel*)上。即使赌输,人们至少享受了一番向概率客观性的挑战。这种做法,是人的重要功能,是我们共同拥有的遗传基因的一部分。这是理智真正独有的功能:接受矛盾、行使反讽、采取相反对策、利用缺点、力求逆转,这种功能总是违背法则和定论。今天的知识分子们无话可说,就是因为他们不再具有这项讽刺功能,他们受到道德、政治或是哲学意识的约束,而与此同时,游戏规则已经改变,任何讽刺、任何激进批判现在都受制于偶然性、传染性、灾难、偶发或系统性的逆转,而这些就是游戏的新规则,是今天支配一切的不确定性的原则,提供着高度的知性愉悦感(当然也是**精神上**的愉悦感)。例如电脑病毒的发作:我们听到这种事件的时候,内心产生一阵喜悦,这不是因为我们对灾难不合常理地喜闻乐见,不是我们乐于看到不好的事态,而是因为这里有宿命性的迹象,而宿命性总能引起人们的兴奋。

所谓宿命性,就是某个事物以同一种征兆出现和消失,是同

---

① 过流体状态(surfusion),指液体在凝固点下仍保持液体的现象。——译注

一种星象(astre)招致灾祸(désastre,原意为灾星),是一个系统内的辐射式逻辑促成自身毁灭。这种宿命性,是偶然的对立面。偶然在于外围,而宿命性位于系统核心(但宿命性并不总是限于灾祸,那不可预见的事物也是让人着迷的)。但这不妨碍我们发现,这种恶性的破坏,以顺势治疗的小剂量,造成各种细小的失常与脱轨,从而改变了我们整个的统计对象。

我们能否一举制止这类事件的恶作剧?当然不能。但问题恰恰在于,我们并没有定论。如果变得毋庸置疑,真理就会走向失败,科学就会丢掉根基,它们就只能被套牢在原位。所以说,真理在统计上总会被证否,这个说法并不是学理上的假设,它代表着集体的邪恶精灵(malin génie)的本质所带来的希望。

从前,我们说群众是沉默的。但他们的沉默,已经是上一代人才要面对的事态。今天,群众是通过传染而非缺席而发起行动的。他们感染了民意测验以及人们对其爱好的预测。我们不能只看到,群众的弃权和沉默是决定性因素(这仍属于虚无主义的观点),我们还要看到,群众甚至利用了不确定性的机制本身。群众曾经自愿受到奴役,现在则学会了熟练运用他们并非自愿的不确定性。这就是说,他们瞒过了那些钻研他们的专家和那些想要影响他们的操纵者,他们知道政治实际上已经终结了,随之,他们可以展开新的游戏,而它就像股票市场的跌宕起伏一样刺激。在这个游戏里,他们可以用那不堪承受的轻,不断挑逗那些听众、领袖威望、声名的行情、图像的牌价。我们曾经有意对大众去道德化、去意识形态化,只为让他们成为概率计算的囊中之物,而今天,他们使得所有图像不再稳定,并且与政治真理做起了游戏。他们所玩的,正是我们教给他们的游戏,是股票与图像的交易市场,是完全的投机,而他们就像那些投机者一样没有任何道德。大众面对愚昧的概率、面对一成不变的平庸的数字,在一旁作为社会学对象,成了不确定性原则的化身。如果说,那些有权者的系统在尽其所能地调控统计学秩序(如今的社会秩序就是统计学秩序),那么,大众则秘密地守护着统计学的失序。

正是由于这个病毒式的、恶魔般的、反讽的、可转换的局面,我们才可能期待一些前所未有的结果,一些事件的恶作剧。

如今的社会里,所发生的只是不确定的事件,而这些事件都不大可能得到最终澄清。从前,事件的发生是为了再次产生,而现在事件的发生只是为了发生而已。因此,事件在继续发生时都是作为一种虚拟的人造物,像各种媒介形式搭配出的易装癖。

网络病毒曾经只用五个小时就破坏了美国的科研和军用网络,这也许只是一场测试(如保罗·维利里奥所说),是一场美国军方情报部门自己发起的实验。这是一个被生产出、被模拟出的事件。所以说,或者,这是一场真正的事故,证明了病毒毋庸置疑的传染性;又或者,这是一场全员参与的模拟,展示出当今最有效的策略就是有计划的扰乱和欺骗。事实真相究竟如何?即使其为模拟实验的假设为真,人们也完全无法保证这个过程是可控的。测试用的病毒可以变成毁灭性的病毒。没有人能够操控连锁反应。于是我们从中看到的,不是一场模拟出的事故,而是居于模拟之中的事故。进一步说,我们知道任何自然事故或灾难都可以被称作恐怖主义事件,反之亦然。各种假设的层叠是无止境的。

由此看来,整个系统在全局上就是恐怖主义性质的。这是因为,恐怖不仅在于暴力和意外事件,更在于不确定性和威慑(dissuasion)。几年前,一伙人模拟了一场抢劫,结果却遭到了比实行抢劫更重的判罚:对现实原则本身的攻击,比起真实的侵害,过错要更加严重。

在所有这些情况下,一种影响深远的不确定性出现了,它存在于人们对可控性的盲目乐观之中。科学已经预料到这种令人不安的情形:主体与客体在实验界面中的相对位置的缩减,会生成这种不确定性的最终状态,而这种不确定性,既涉及客体的实际情况,也涉及知识的客观性的实际情况。看起来,科学像在奇异吸引子(attracteurs étranges)的影响下沦陷了。而经济也是如此,它的复兴,似乎与它赖以为生的完全不可预见性紧密相连。而各种信息科技的迅猛发展,则与其中知识的无以抉择性紧密相连。

所有这些科技,是真实世界的组成部分吗?这很让人怀疑。科学和技术所追求的,似乎是呈现给我们一个极度不真实的世界,而它超出所有真实与现实的原则。我们时代的革命,是不确定性带来的革命。

我们还没有准备好接受这一切。然而,矛盾的是,我们仍在企图通过依靠更多的信息和传播而解脱,反而因此加固了不确定性的套索。这是一场冲刺:参与赛跑的,是各种科技与其各种倒错的结果,也是人与其各种克隆产物,而他们刚刚踏上莫比乌斯环(l'anneau de Moebius)内的跑道。

可控式漂白

La blancheur opérationnelle

关于这种不确定性，我们要注意到它的矛盾，即它来自肯定因素的过剩、否定因素相对的极度弱化。这就像白血病控制了我们的社会，而盲目乐观的输液治疗，消解了其中的否定因素。我们在跨越各种矛盾时，没有追随法国大革命的追求，没有坚持启蒙哲学的理念，也没有实现批判性的乌托邦思想。如果说我们解决了各种问题，那么其解决，是通过否定性平衡的断裂，是因为各种受诅咒的能量消散在一场单纯为了制造积极和假象的模拟中，是由于一种彻底的透明性得以确立。我们的处境，就像是一个人丢掉了自己的影子：这或是因为，他变得透明，所以能透过光线；或是因为，他被各角度的光照亮，处于曝光过度的状态并对各种光源毫无防护。我们正是这样，曝光于各种技术、图像和信息所散发的光耀中，无法折射这种光亮。我们进入了一种纯白的活动、一种纯白的社会关系，我们的身体被漂白，正如金钱、头脑、记忆都被漂白，我们受到一场彻底的无菌处理。我们漂白了暴力，漂白了历史，经历了一场大型的整容手术，在其中，任何社会、任何个体都与暴力和消极因素切断了联系。反之，那些不能达到这种自我否定的事物，都进入彻底的不确定性和无止境的模拟中。

我们被迫接受这场外科手术，它要切除各种事物里的否定特征，再用一种缝合术将它们理想地改头换面。在整容手术里，一副面容的随机特征、它的美或丑、它的显著特点和负面特点，所有这些都要经过修正，以求比美更美的事物：一副理想化的面容，一副修整过的面容。甚至一个人的星座、由生日而定的星座，现如今都可以被修改，让你的星座与你的生活方式相称；我们甚至可以设想一家星座美容院（Institut de Chirurgie Zodiacale）——这虽然是空想，但并非没有可行性——在其中，人们通过几步适宜的操作，就能任选星座。

甚至我们的性别、我们这仅存的一小部分命运、我们这最后的宿命性与相异性，也可以根据意愿而改换了。更不用说，这种整容手术，也被应用于空间绿化带、大自然、基因工程、各种事件以及历史回顾（例如法国大革命经过回顾和修订，以人权为名义经受了去皱手术）。所有事物，经过后期处理（postsynchronisé），都必须合乎理想中的适宜性和兼容性的各种标准。无论在哪里，我们都见到这种非人的标准化，它作用于面容、言语表达、性别、身体、意志和政治观点。命运和消极因素仅存的微弱光芒，也要彻底排除掉，从而形成**殡仪馆**里逝者那微笑的遗容般的类似效果，我们经过一场大规模的整容手术，换得对符号的普遍救赎。

我们牺牲了一切，迎来了各种事物的可控时代。就生产而言，我们不再靠土地去生产，不再靠劳动创造财富（这是众所周知的土地与劳动的联姻），现在是资本，促使土地和劳动带来**生产**。劳动不再是一种行动，而是一种操控。消费不再是简单而纯粹地享受财富，而是使人去享受（faire-jouir），是按照不同级别的客体与符号所进行的模式化、编码化的操控。

至于传播，它不是关于讲述，而是使人去讲述（faire-parler）；至于信息，它涉及的不是获知，而是使人获知（faire-savoir）；"使

(faire)"这个补充词,说明它们都变成了操控,不再涉及行动。广告和宣传的关键,不是它是否如此这般相信,而是使人相信(faire-croire)。人们的参与,不再是主动和自发的社会形式,因为它总是来自某种机制或是阴谋,它其实是使人行动(faire-agir),就像制作动画片之类的事物。

现在,甚至人们想要什么,都要通过意志的各种模式的中介,从而使人想要(faire-vouloir),都要通过说服或是威慑。想要、能够、相信、知道、行动、欲望和享受,所有这些范畴,为了尚存一些意义,都要加上一个补充,进入一种独一无二的模式:"使人去做(faire)"。无论在何处,主动的动词都让位给了使役的补充动词,而行动的重要性,与其说在于它本身,毋宁说在于它要被生产、被诱导、被怂恿、被媒体化或技术化。

我们仅有的认知,仅仅来自使人得到知识。我们仅有的讲述,仅仅来自使人作出讲述,也就是来自一种传播行为。我们仅有的行动,仅仅来自互动,可能的话,还应该配备监视屏和内置的**反馈**(feed-back)功能。这是因为,操控相对于行动,其特点恰恰在于实施中有严格规制,否则,它就不能构成传播。那可以讲述的,却并不构成传播。传播是可控的,否则便无以成立。信息是可控的,否则也无以成立。

我们所有的范畴,都进入了使动词时代,在这个时代里,我们不想要什么,却使人想要什么;不去做,却使人去做;不创造价值,却使什么有价值(各种广告);不再获知,却使人获知;并且,最后这一点也很重要,即我们不是在享受,只是使人享受而已。这是现今的严重问题:我们找不到什么去享受,只能使人享受,无论是针对我们自己还是他人。这种享乐变成了一种传播行为:我招待你,你招待我,我们彼此交换快乐,就像一种互动表演。任何不求传播而自装享受的人都是愚蠢的。那么,传播机器(les machines à communiquer)中也有乐趣吗? 这是另外的话题,但假如我们制作这种提供享受的机器,就不能不采用传播机器的模式。其实,这种机器已经存在了:那就是我们被诱发用于享受中的自己的身体,我们通过各种精密的美容和极乐技术,使我们的身体去享受。

慢跑,也带上了表演性质。慢跑不是跑步,而是让自己的身体去跑。它是一种游戏,投入身体的非正式运转,让身体同时走向消耗和毁灭。慢跑带来的"第二状态"①,正是次级的操控,正是机器的脱轨。慢跑带来的愉悦和痛苦,并非来自运动和身体,并非来自纯粹的体能消耗,它来自无止境的发挥功能与去物质化(慢跑者的身体,就像是丁格利的机器②),它是表演中的苦修和迷醉。再者,"使跑步"的状态很快就会被取代,成为"放任跑步",身体在它自身的表演中被催眠,在主体缺席的状态下自行奔跑,就像单体的梦游机器(另一种可与此类比的机器是雅里的十轮自行车,它带着死去的骑手继续前行③)。再者,慢跑这无止境的一面(像精神分析那样),也是一种没有目的、没有终点、没有想

---

① 第二状态(état seconde),指身体在运动积累到一定程度时产生的超常感受。——译注

② 瑞士艺术家丁格利(Jean Tinguely, 1925—1991)曾创作自行销毁的机器作为作品。——译注

③ 法国艺术家阿尔弗雷德·雅里(Alfred Jarry, 1873—1907)有着众所周知的自行车情结,在小说中曾写到选手在极限自行车比赛中死去,但由车带动完成了赛程,见本书第129页。——译注

象的表演。没有目的(fin,或"终点")的事物,就没有理由停下。

我们不能再坚持20世纪60年代和70年代的理想,将慢跑的目的看作塑造"体形"(la forme)。这是因为,体形仍是功能性的:它追求的是身体的商品价值或符号价值、身体的活力或魅力。与此相对,表演则是可操控的,并不追求塑造身体的**体形**,而追求身体的**公式**(*formule*)、方程、身体作为操控实施场的虚拟性。表演让身体所做的事,就像人吩咐任何机器去做的事,就像人在任何信号指示下去启动的事。真相不过如此。于是,虽然慢跑这种方式无止境地行使着跑步的功能,但没有什么比这更空洞的了。然而,人们还是会去慢跑……

现今人们对电脑的运用中,也体现出同样的对内容的漠视,同样的带有偏执性与操控性、表演性与无尽性的侧面。面对电脑,人不再思考,就像人在慢跑中不再奔跑。人让大脑去活动,就像人让身体去跑步。人使用电脑时,其中的操控也是无止境的:人与电脑并列,就没有理由停下来,正如慢跑中身体的并排前行。这一边是身体能量的极端贯注和发散带来的催眠般的愉悦,另一边是大脑能量引起的愉悦,两者是完全对等的。一边是皮肤和肌肉里的静电反应,另一边是显示屏里的静电反应。

我们可以说,慢跑和电脑工作是麻醉性质的、毒瘾性质的,这是因为,毒品本身也完全符合一般意义上的表演:它让人享受、让人做梦、让人感受。毒品的人造性,并不在于它让身体处于自然状态之外的第二状态,而在于它将身体换作一种化学药物作用中的假体,在一场大脑手术中植入表演,在一场整形手术中改造感知。

如果人们怀疑,体育选手们在赛事前普遍服用违禁药物,这也并非偶然。不同类的表演,其间有着紧密的联系。要去表演的,不仅是肌肉和神经,也包括神经元和细胞(甚至细菌也将变成可控的)。选手们不再是去投掷、奔跑、游泳、跳跃,而只要把叫作"身体"的卫星,送上人造的轨道。运动员的身体既是发射载具也是卫星,它只作计算,就像听命于自身的一台微电脑(它不再听从意志而去追求超越)。

这追求可控的强迫症,形成了可控性之下的矛盾:我们其实不用使得事物有价值(faire-valoir),事实上,只要我们不产生任何价值,就能使得事物更有价值。我们不去认知,就能更好地使人认知;我们不去生产,就能更好地使人生产;我们闭口不言,就能更好地使人交往。所有这些都符合事物的逻辑:我们知道,如果你想逗人发笑,就不要故作有趣。而信息和传播,难免也有同样的结果:为了更好更快地传达事物,它的内容最好最大限度地透明化、最大限度地微不足道。我们已经见到这种情况出现在电话沟通、媒体节目甚至更严肃的场景中。因此,**好的**传播,也就是说,今天**好的**社会("社会"这个词,甚至也不再有意义,因为我们没有什么是社会的,我们仅有的,是使社会发生,是对社会性质的事物的生产,也就是说,我们所有的其实是"社会性"或"社交性",这些骇人的代名词,恰当地表达出它们的含义,正如弗朗西斯·乔治[François George]所说的"性别性"[sexualité],这些词有着手术室般的语境)得以构筑的基础,它的发生必须通过自身内容的消解。好的信息,必须经过对认知的数字化、透明化。好的广告,必须来自无价值,或者至少来自商品的中性化,就像时装必须来自女人和她们身体的透明化,就像权力来自谁行使权力已经无关紧要。

我们何妨设想,每一则广告所宣扬的,不是某种商品,而正是广告本身。信息不是出自某个事件,而是为了推广信息本身。传播不再发出某种信息,而是为了推广传播的神话。

复印和无限

Le Xerox et l'Infini

人类创造智能机器,或幻想这种机器的诞生,这一方面是因为他们对自身的智力暗感失望,另一方面是因为他们难以支撑一种骇人且无用的智力的重负。于是,他们对这种智力施展驱魔,将它驱赶到机器中,从而可以戏弄或是讥笑它。我们把这种智力交托给机器,就摆脱了任何对知识的要求,这就像我们把权力交托给政客,就可以蔑视任何人对权力的抱负。

人类想把机器造成独特的、多能的,这是因为人类对自身的独特性感到失望,或是因为他们更希望摆脱这种独特性,通过机器作为中介来对它戏耍。因为机器提供的,是一种模仿人类思考的假象,而人们通过操纵机器,就给了自己思考的假象,而非真正的思考。

我们有足够的理由说这些机器是"虚拟的",因为它们让思想留存在没有期限的悬而未决的状态,将思想的偿付期推迟到知识的尽头。思想的行动因此无限地延迟了。思想不再是人们所关心的问题,同样无人关心的,是人类后代的自由问题:他们将像被束缚在飞船座椅上穿过天空那样,穿过他们的生活。这些人工智能时代的人类,会将手脚束缚在电脑上,穿过他们的精神空间。虚拟的人类,在电脑前面一动不动,通过屏幕做爱,通过视频直播上课。这样的人类成了肉体上的残废,在精神上当然也是如此。这就是处于可控状态所要付出的代价。我们可以想象,某天眼镜和隐形镜片会演变为给失明物种植入的假体,于是我们应该担忧的是，人工智能以及其技术设备也将会演变成失去智力的物种所依赖的假体。

人工智能没有智力，因为它并不讲求技巧（artifice）。真正的技巧，属于充满激情的身体，属于诱惑中的符号，是动作的不定，是语言的简省，是表情的掩饰，是微言大义，所以才有个词叫作"机灵"（trait d'esprit）。相比而言，所谓的智能机器，只能施展最贫乏意义上的技巧，这种技巧，只能将各种语言、性或是认知行为分解为最简单的元素，并对其数字化，从而能按照一些模型将它们重新综合起来。一个程序或是一个有能力的对象，可以生成（générer）无数的可能性。但是，技巧的本质，绝不在于是什么有所**生成**，而在于是什么**改变**（altérer）了现实。技巧是想象的力量。相反，这些机器只懂得单纯的计算，而它们提供的游戏，只是关于交换和组合。从这个层面上讲，它们不仅是虚拟的，也是品行端正的：它们从来不屈服于它们自身的客体，从来不去追究它们自身的知识。它们的正直，体现为它们是透明性、功能性的，以及它们缺乏激情与技巧。人工智能是孤独终生的机器。

人类的活动之所以不同于机器功能，甚至是最智能的机器，是因为人类能陶醉于活动并产生愉悦。有幸的是，人类还不能发明出能够感到愉悦的机器。人类可以使用任何假体去帮助自己获得满足，但不能发明假体来代替自己感受愉悦。尽管人类发明了某些假体，能比自己更好地或代替自己去劳动、"思考"、运动，但从技术上或媒介上，还是没有任何假体能承载人的愉悦、人之存在的愉悦。假如这是可能的，机器就必须懂得人类的概念，必须能够创造人,不过机器总是来不及做这些事,因为它们是人们发明的。正是因此,人类总是可以超越自身,而机器却永远无法超越自身。即便最智能的机器,也只能保留它们现有的样子,除非发生事故或故障时才有例外,那时人们往往会觉得机器有些诡异的念头。总之,机器不会面对功能的反讽性的增长、功能的过剩,而人类却是靠这些,才感到愉悦或痛苦,才能抛开自身的定义,接近自身的目的。我们应该为机器叹息,因为它永远无法超越自身的操作,这也许解释了电脑所具有的深层的忧郁……所有的机器都是孤独终生的。

(然而,近来电脑病毒的泛滥,造成一种值得注意的异常情况:机器似乎从制造各种错乱结果、讽刺性与轰动性的事件中获得一种恶意的愉悦。人工智能有可能通过这种病毒性的病理,故作滑稽地模仿自身,从而成为某种真正的智能。)

机器的独身主义,也就是联网人类的独身主义。人面对着自己的电脑或文字处理器,为自己上演了一场自己的大脑和智力的演出。同样,联网的人也面对着自己的私密终端①,为自身上演幻想中的演出、带来虚拟享受的演出。在这两种情况下,人把他的愉悦或是智力,驱逐到了机器的界面里。他者、对话者,从不能进入他的视线,因为他只穿过了屏幕,就像穿过了镜面。他所见到的,是作为界面的屏幕本身。交互式的屏幕,将建立关系的过程转变为从自身到自身的信号交换(commutation)过程。界面的秘

---

① 私密终端(Minitel rose),指法国某家电信公司的私密互联网服务设备。——译注

密就在于，他者在其中就是自身：相异性（altérité）被机器悄无声息地吸收了。于是，交往的循环大概就是如此：私密网的用户从互对屏幕联系，发展到电话聊天，然后见面，再然后呢？当然就是一句"回头打电话"，双方又回到了网络终端上，而这番情形却更刺激情欲了，因为人找到了既私密又透明的、最为纯粹的交往形式，因为人在这种生活里，除了屏幕和电子文本之外，没有任何其余的嘈杂，就像身处新的柏拉图洞窟，在里面尽情观看肉身的愉悦所投下的阴影。既然交往如此简单，为什么还要去跟别人说话？

曾经，我们生活中的想象，来自镜面、分裂（dédoublement）、舞台、相异性和异化（aliénation）。如今，我们生活中的想象，则来自屏幕、界面、重复（redoublement）、连通和网络。我们所有的机器都有屏幕，而人类之间的互动转变为屏幕之间的互动。屏幕上显示的东西，都不需要深度解读，只需要瞬时的检索，它只是引起人面对意义的过后应激反应①，形成再现（représentation）中彼此两极之间的短路。

对屏幕的阅读，完全不同于用目光去看。这种阅读，是一种数码形式的检索，让眼睛追踪不断换行的字迹。人在交往时与对方的关系，人在得到信息时与认知的关系，这两者的性质是相同的，都是接触性、检索性的。新的电脑技术所合成的声音，甚至电话中的声音，都是一种接触性的声音，是空泛的、功能性的声音。

---

① 应激反应（abréaction），心理学术语，指患者因再度面临先前的创伤时所作出的反应。——译注

事实上，它不再是真正的声音，这就像人投向屏幕的，也不再是目光。人的感受性的范式，发生了完全的改变。这种接触性，不再具有触摸的肌体意义。它只意味着眼睛和图像在表面上连通了，终结了人的目光所形成的审美距离。我们无限接近屏幕的表面，我们的眼睛好像消散在图像里。我们不再有观众与舞台保持的距离，丢掉了戏剧舞台的传统。面对屏幕，我们之所以沦为缺乏想象力的昏聩一族，是因为屏幕打开一片永恒的空白，等待我们去填满它。各种图像，产生了距离行为学（proxémie）的效应，带来了嘈杂，形成了接触式的情色。然而，图像其实远在几光年之外。图像始终是远程的图像。它所处的距离很是特别，可以定义为**人体不可逾越**（infranchissable par le corps）的距离。语言、舞台、镜面中的距离，都可以被人体逾越，正是因此，这种距离留有人性、可以形成交流。与其相反，屏幕是虚拟的，所以是不可逾越的。正是因此，屏幕所形成的，只是一种抽象的、完全抽象的形式，这就是传播。

在传播空间里，各种文字、动作、视线处于一种不间断的连通状态，但彼此从无接触。这是因为，身体和它周围的事物之间既没有距离，也并不邻近。给我们提供图像的屏幕、交互性的屏幕、远程通信用的屏幕，它同时在近处和远方：太近了以至于失去真实（没有了舞台般的戏剧张力），又太远了以至于难辨真假（不能构成人造假象所需的距离）。因此，屏幕创造出一个空间维度，它并不贴合人类的维度，这个维度是离心的（excentrique），对应着空间的去极化①以及身体形象的模糊化。

莫比乌斯环的拓扑结构最能说明这种连通,它让近与远、内与外、客体与主体纠缠在一起,同在环中的,也是我们的电脑屏幕和脑中屏幕。正是按照这个模型,信息和传播总是返回自身,形成一种乱伦式的(incestueux)回旋,造成了主体与客体、内与外、问题与答案、事件与图像在表面上模糊不分,让它们陷入封闭循环,模拟出数学上的无穷大。

我们与"虚拟"机器之间的关系,也与此类似。远程通信的人类被分配给设备,就像设备也被分配给人。通过彼此之间的对合②运算与折射过程,人让机器去做交给它的任务,但反过来,人所执行的只是程序所设计的内容。人是在虚拟性中工作,从表面上看,他所做的是获取信息或产生交往,但实际上,他所做的只是检索程序的所有可能性,就像是一个赌徒想要穷尽游戏中所有的可能性。例如,在我们使用摄影设备的时候,这种可能性不再属于那个根据自身视觉来"反映"(réfléchir)世界的主体,现在是客体在利用摄像镜头所蕴含的可能性。就此看来,照相机这种机器,整个地改变了意志,消除了所有意愿,它所显影的,只是拍照的纯反射性动作。这时,甚至目光本身也被除去了,因为它为镜头所取代,而镜头(objectif)联合了客体(objet),代表着人之所见的反转。正是这种奇妙的对合运算,将主体投到了暗箱中;也正是这种奇妙的折射过程,将人的视觉变成了机器的非人化视觉。在镜中,是主体在与自身的想象力游玩。而在镜头里,在一般意

---

① 去极化(dépolarisation),指细胞释放负电荷的活动。——译注
② 对合(involution),数学上指某函数与其逆函数相等。——译注

义上的屏幕中,由于各种传媒和远程通信科技的影响,是客体发挥着能力。

正是因此,如今任何图像都有可能呈现。也正是因此,一切都可以转为信息,可以通过数字化处理而转码传输,就像每个个体本身都可以转作基因编码(人类将来的任务,恰恰就是穷尽这套基因编码所有的可能性,而这是人工智能的一个根本性应用)。更具体地说,这就意味着,任何行动和事件,都会折射(se réfracter)为经过技术处理的图像,折射到屏幕上;任何行动,都**期待**(désirer)被拍摄、录像或录音,都期待着汇合在这种记忆里,在其中可以被永久地再生产;任何行动,都期待通过自我超越而达到虚拟的不朽,这种不朽并非死后的延续,而是在各种人造记忆中闪现和分化。虚拟性的强迫症,就是它想要保持其能力而存于所有屏幕、存于所有程序的核心,而这种冲动,形成一种奇妙的要求。正是因此,暗箱令我们眩迷。

在所有这些情况下,我们还有自由吗? 自由已经无效了。这里没有选择的余地,没有最终的决定。任何决定,只要涉及网络、屏幕、信息或是传播,就都是串行发送①的、零碎的、分形的。是一连串的零碎决定、一种由片断和零碎客体组成的微观序列,构成了经历。这种经历属于摄影者、远程通信的人类,也发生于我们最平常的电视观看中。所有这些行为的构造,都是量子级别的:它们是由细微决定所组成的任意整体。而人迷恋它们,就是出自暗箱造成的眩迷,出自那葬送了我们自由的不确定性。

---

① 串行发送(sériel),通信术语,指每次传送一位数据。——译注

我是人类还是机器?这个人类学难题再也没有答案了。因此,人类学已经来到了终点,被最新的机器和科技悄然抹除了。这时,不确定性诞生于网络机器的愈加完善,正如性别不确定性(我是男性还是女性?性别差异在哪里?)诞生于无意识技术和身体技术的精进(sophistication),正如科学对客体状态的不确定性诞生于微观科学分析的精进。

我是人类还是机器?人与各种传统机器的关系,并没有暧昧不清。劳动者对于机器总是陌异的(étranger,或"外异的"),从而为机器所异化。他保留着异化之人的特有品质。然而,各种新兴技术、新型机器、新鲜图像、交互屏幕,不再造成异化。它们与"我"组成了某种集成电路。视频、电视、电脑和私密终端,这些事物就像隐形眼镜一样,作为透明的假体植入身体,直到成为身体的基因成分。它们就像心脏起搏器,或像菲利普·K.迪克①笔下著名的"罂粟人",像在人出生时就植入体内的宣传接收器,而这标志着生物的危机。无论我们情愿与否,我们与网络和屏幕的各种关系,都是性质相同的:这种关系基于某种被奴役(而不是被异化)的结构,形成某种集成电路。在其中,人类和机器的性质无以判定。

人工智能之所以大获成功,难道不是因为它让我们摆脱了真正的智力?难道不是因为它对思想作出过度的可控处理,从而让

---

① 菲利普·K.迪克(P. K. Dick, 1928—1982),美国科幻作家,电影《银翼杀手》的原著小说作者。他在科幻小说《拟像》中创作了称为"罂粟人"(papoula)的火星生物,其外形可爱,能给人灌输积极想法。——译注

我们摆脱了思想的暧昧不清？难道不是因为它与世界的关系是个无解之谜？所有这些科技的成功，难道不正源于它们的驱魔般的功用？难道不正因为它们根本无须面对那关于自由的永恒难题？我们多么轻松！一切问题交给虚拟机器，就都得以解决！你既不是主体也不是客体，既不是自由的也不是异化的，不再是或此或彼：你正反相同，沉浸在虚拟机器的转码中。我们离开了他人的地狱，来到了同一者的乐土，走出了相异性的炼狱，到达了一致性的人造天堂。有些人会说这是更恶劣的奴隶制度，但那远程通信者，既然没有自身的意志，也就无所谓是否奴隶。再没有人对人的异化了，现在是机器帮人维持着赖以存续的内稳态①。

---

① 内稳态(homéostase 或 homéostasie)，是指一个生物体或一个系统能够在外界环境中动态地保持体内或系统内相对稳定的状态。——译注

预防和毒性

Prophylaxie et Virulence

通常来说,随着各种机器越来越接近于大脑,人们的身体也在被科技净化。因此,身体越来越不依赖自身抗体,面对外界需要依赖防护。人们还对各种环境进行人工净化,以求弥补各种内部失调的免疫系统。而这些系统之所以失调,是源自一个不可逆的过程,这个过程通常称为进步(progrès),它促使人的精神和身体摆脱各种先制和防卫系统,将这些系统转入人造设备。人一旦失去了防御功能,就尤其会受到科学和技术的影响。这就像人一旦失去了激情作用,就尤其会为随之而来的心理学和心理治疗所影响;这也像人摆脱了各种情绪与疾病,就尤其会受到医学的影响。

我们见到,那个"气球婴儿"(l'enfant-bulle)完全生活在医疗环境中,他穿着美国宇航局赠予的防护服,被保护在不含任何污染的人工无菌空间里,接受着母亲在玻璃墙外的爱抚,他就这样在科学之眼的看护下,在这个外星般的环境中愉快成长(在这实验里,他就像狼孩的兄弟。那个野性的孩子是由狼群养育的,然而今天,这个免疫缺陷的孩子的养育人则是电脑)。

这个气球婴儿就是未来的预兆,预示着完全的无菌环境和对细菌的驱魔处理,而这就是透明性的生物形式。这个婴儿象征的是在真空中的生存状态,这种状态到目前为止还是实验室里的细菌和微粒才拥有的特权,而在将来会逐渐变成我们所处的状态:我们像唱片那样被真空压制,像速冻食物那样被真空包装,在过度抢救（acharnement thérapeutique）下在真空中死去。我们在真空中思考、反省，就像人工智能对此无处不在的示范。

我们可以设想，人类的灭绝始于细菌的灭绝，这并不荒谬。这是因为，就人而言，他连同他的脾性、激情、玩乐、情欲和分泌物，本身也都是龌龊的细菌、一种在透明性的世界里肆虐的非理性的病毒。而当他经过消毒，当所有的事物都经过消毒，当人们清除了社会的和细菌的各种感染，那么留给我们的，就只有悲情的病毒，活跃在致命般洁净而又精致的世界中。

至于思想，它作为一个自然的免疫性抗体和防御的网络，也面临严重的威胁。思想有可能因势所趋受到替换，转入某种拥有脑脊系统的电子气球，而任何动物的、形而上的反射都遭到清除。其实，即使不论那气球婴儿的种种技术，我们已经生活在这样的气球中，它像水晶球一般，装载着耶罗尼米斯·博斯①的画中人物，而在这个透明的载体中，我们否定了自身，既遭到剥夺又享受过度保护，注定要接受人工免疫和永久输液，注定要与世界几乎没有接触地死去。

我们就是这样，都失去了防御功能，都成了潜在的免疫缺陷者。

所有的集成系统、过度集成的系统，包括科技系统、社会系统，甚至人工智能中的思想本身及其衍生物，它们都倾向于一个极限，即这种免疫缺陷状态。它们为了消除所有外在侵害，就分

---

① 耶罗尼米斯·博斯（Jérôme Bosch，约 1452—1516），中世纪荷兰画家。——译注

泌出自身内部的毒性、它们恶性的逆反性(réversibilité)。当达到一定的饱和度时,这些系统就会自动地发挥逆反与变质的功能,走向自行毁灭。它们的透明性,同样带来了威胁,而水晶是会展开报复的①。

身体在受到过度保护的空间里,会彻底失去自身防御。在手术室里,人们要做预防处理,让微生物和细菌在其中无法生存。但正因如此,我们见到其中诞生了某些神秘的、反常的、病毒性的病症。这是因为,就病毒而言,它只要有自由的空间就会快速繁殖。当世界上原有的传染病都被清除,当世界处于"理想的"医疗看护下,其中就会产生一种无可察知、无可抗拒的病理学,它恰恰诞生于消毒本身。

这是第三种病理学。正如在社会里,我们需要对抗在放任式、和平化的社会的矛盾下诞生的新暴力,在健康方面,我们也需要面对新的疾病,而它们之所以发生,恰恰是因为身体在医疗与信息技术的人造防卫手段下,受到了过度防护。因此,身体暴露给了各种病毒,以及各种"错乱的"(perverse)和难以预料的连锁反应。这种病理学,不再是因偶然事故和失调状态而致病,而是根植于**反常**(l'anomalie)。正如对社会躯体而言,某些同类的原因可以造成同样错乱的结果、同样难以预料的机能障碍,那么对在细胞层面发生的基因紊乱,我们同样可以将其原因看作过度保护、过度编码、过度管制。社会系统,就像生物体一样,都因其各种假体的精细化而丧失了自然的预防能力。而对这种前所未有

---

① 水晶展开报复(le cristal se venge),这也是鲍德里亚在1983年出版的《宿命性的策略》的副标题。——译注

的病理学,药物不太可能有效,因为药物本身也是过度保护系统的一部分,在对身体进行保护式和预防式的过度治疗。正如我们面对恐怖主义,显然没有政治的解决方法,我们在面对艾滋病和癌症时,目前似乎也没有生物学上的解决方法,而这其中有着同样的原理:它们都是系统内部所产生的反常症状,都以某种反作用的毒性,阻断社会体所受的政治管制以及相对短暂的生物体所受的管制。

在病程早期,相异性发挥它的邪恶本领,呈现为事故、故障、缺陷等形式。而病程后期的形式,呈现出病毒性和传染性,这种病毒性感染整个系统并且无可抵御,因为正是系统的集成(intégration)本身产生了这种变异。

病毒之所以占领某个身体、某个网络、某个系统,是由于系统清除了自身所有的否定元素,并且分解成一些简单元素的组合。这是因为,那些回路、那些网络成为虚拟的存在、非身体,以至于让病毒在其中肆虐;这也是因为,那些"非物质"(immatérieux)的机器远比各种传统机器更容易受侵害。虚拟性与病毒性相伴而生。这是因为身体本身变成了某种非身体、某种虚拟机器,导致受到病毒侵占。

所以说,艾滋病(与癌症)成为现代病理学和所有致命毒性的原型,这是合乎逻辑的。我们因为将身体交由假体、交由各种基因改造的幻想,使身体的各种防御体系发生瓦解。于是,这样的身体变得分形化(fractal),去增殖它的各种外在功能,同时从内部增殖自身细胞。身体开始发生病灶转移:身体内部的、生物的转移,以及与此对称的各种身体外部的转移,即各种假体、网络以及分支。

在病毒的维度下，是你自身的抗体将你击垮。是生物自身的白血病，将它的各项防御瓦解，这恰恰是由于它完全脱离了各种威胁和逆境。彻底的预防，就是致命的。人们正是没有理解这一点，才像应对传统疾病那样使用药物去治疗癌症和艾滋病，而这些病症，恰是源自预防和药物的功绩，源自各种疾病的绝迹、各种病原体形式的消除。我们面对的是第三种病理学，对于它，任何上一代（人们在那时只用考虑可见的诱因与机械性的结果）的药物都是无效的。突然间，所有疾病的源头似乎都成了免疫缺陷（就像所有暴力的源头似乎都成了恐怖主义）。从某种意义上讲，病毒的攻击与策略已经接管了无意识的工作。

人类作为数码机器，就像优选病毒疾病的载体，与此同理，各种由软件构筑的网络也成了优选电脑病毒的载体。在这个领域里，我们同样没有有效的预防或治疗，病毒的转移可以遍及整个网络，而去象征化（désymbolisés）的编程语言无以抵抗病毒，就像去象征化的身体一样。传统的机械性事故和故障，只要对症下药就能修复，但是，抗体的各种突发缺陷、反常、"叛变"却无法补救。我们只懂得治愈涉及形式的疾病，但无以面对深及原理的病理学。我们在各处牺牲掉了各种形式的自然平衡，人为调整了编码和原理，但我们为此付出了代价——面对一种更严重的失序、一种前所未有的不稳定。我们生产各种人造身体和系统语言，将其用于人工智能，然而，这不但促生了人工痴呆，也让这不可逆的人造性催生了各种病毒性的畸变。

病毒性，就是各种闭合回路、集成回路、混乱的连锁反应形成的病理学。它在更宽泛的比喻意义上，还是一种乱伦的病理学。

那幸存的原因,也是陨灭的起因。相异性的缺失,分泌出另一种无形的相异性、绝对的相异性,也就是病毒。

艾滋病首先流行于同性恋和吸毒者群体,其原因就在于某些群体内部封闭式的乱伦行为。我们知道,血友病感染的,是那些几代近亲通婚的人,那些族内联姻的支系。甚至,柏树长久以来所患的怪病,也是源自病毒,可归因为冬季和夏季温差减小,也就是季节的混乱。同一性的幽灵又在此作怪。人们强求相似、遣走差异,让各种事物接近其本身的图像,将各种存在与其编码混为一谈,从而造成一种危险,它来自乱伦的毒性,来自恶魔般的相异性,要让这运作良好的机器发生损毁。这是恶的原则换上新衣重新出现。但它无关于道德和罪恶,这种恶的原则,仅是关于逆反(réversion)、关于逆境(adversité)的原则。在某些系统全面走向积极化、去象征化的过程中,所谓的恶,在其各种形式下,安插了逆反性(réversiblité)的基本准则。

然而,这种毒性本身又有些难以理解。针对艾滋病,人们重新提出对性行为的限制,这种限制不是从道德出发,而是依据实际考虑;但性的自由流通才是本来的目的。人们中断了接触,阻止了传播;但这是与现代性的各种要求唱反调:现代性本该让性、金钱和信息都进入自由流通。一切事物都应该流动化,而加速的过程应该决不回头。如果以染毒风险为名义来限制性行为,这就是荒谬的,简直像以美元受人操控为由,就去中止各种国际汇兑。人们毫无预期,却突然面临这道性的禁令。这种情况难道源自系统的矛盾?

也许,这道禁令有其神秘的目的,而它又矛盾地关联着性解放运动那同样神秘的目的？我们知道，各种系统都会自我调节，让自身发生一些事故和停滞，从而生存下去。任何社会，都是对抗着自身的价值系统而生存。社会一方面必须有一个价值系统，另一方面又必须背离它而定义自身。而我们的生活至少有两条原则：一是性解放，一是信息与传播。我们似乎看到，整个种族通过艾滋病的威胁，给自身的性解放原则提供了一种解药；通过癌症这种基因编码失常，对电子控制的强力原则作出反抗；通过各种病毒，对传播的普遍原则进行破坏。

也许，这些异常情况是在拒绝精子、性行为、各种符号、言论的强制性流动，拒绝强制性的传播、程序化的信息、性方面的混乱？也许，这是一种生命的反抗，它是在阻止各种流动、回路、网络的蔓延，甚至不惜产生一种新的致命病理，而这种反抗终将让我们免遭某种更严重的后果？如果是这样的话，那么艾滋病和癌症就是我们为自身系统所付出的代价：我们驱走**平庸的**（*banale*）毒性，却让它转为**致命的**（*fatale*）形式。没有人能预测这场驱魔是否值得，但我们不免追问：癌症是要反抗什么，反抗何种更坏的结局（难道是基因编码的彻底支配）？艾滋病是要反抗什么，反抗何种更坏的结局（难道是某种性的流行病和彻底的混乱）？我们也可以对毒品有这种疑问：先不论它的各种影响，它是要为我们提供什么保护？它是面对那种更糟糕的祸患（理性的钝化、规范的社会化、普遍的程序化？）而给我们准备的逃脱的路径？对恐怖主义也是同样：这种次级的、反作用的暴力，难道是要为我们阻止共识的普遍流行、政治愈加严重的白血病及其崩溃、国家的不可见的透明化？它们让所有事物都模糊不清、可以逆反。无论如何，人的神经病症，就是让他免于疯狂的最佳防护。由此看来，艾滋病也许不是来自上天的惩罚,恰恰相反,它可能是防护性的缓解措施,让种族免于在各种网络的增殖和加速中陷入彻底的混乱、彻底地脱离身份。

艾滋病、恐怖主义、金融危机、电脑病毒,它们都撼动了集体的想象,而这就是因为,它们是某个非理性世界的插曲,其逻辑完全合乎我们的系统,仅仅是这个系统所造就的惊人景象。它们都服从毒性和辐射的规约,而对我们的想象也能发挥病毒般的力量:单独一次恐怖行动,足以迫使人们根据恐怖分子的主张,重新思考政治整体;单独一次艾滋病爆发,即使在统计学意义上无关大局,也足以迫使人们根据免疫缺陷的理论来重新整理各种疾病的谱系;那微乎其微的电脑病毒,只因改动了五角大楼的数据、借圣诞节贺信而蔓延,就让各种信息系统产生隐患。

这些,就是诸多极端现象的特点、一般意义上的灾难,它可以看作各种事物的反常的发展趋势。灾难的秘而不宣的秩序,就在于这些发展过程间存在紧密联系,以及它们与系统整体之间具有同源关系。这就是失序中的秩序:所有极端现象彼此之间协同一致,也与整体协同一致。这就意味着,我们无法借助系统中的理性,去对抗这些过度的增长。而想将各种极端现象一举消除,则纯粹是幻想。我们的各种系统愈加复杂,就会愈加极端化。其实,这未尝不是好事,因为它们是对系统的精确疗法。随着各种系统变得透明化、内稳态化(homéostatique)、整体流动化(homéofluide),我们在对策上,就不能以善对抗恶,而只有以恶对抗恶,这是最糟的策略。在这个问题上,我们甚至没有选择,我们在眼皮底下看到了顺势治疗的这种毒性。艾滋病、金融危机和电脑病毒,这只是浮出水面的灾难,其十分之九还隐藏着。真正的灾难、绝对的灾难,将是各种网络无处不在、信息变得完全透明,而我们有幸借电脑病毒得以避免。多亏了它,我们不会沿着直线走到信息和传播的尽头,那将意味着死亡。电脑病毒既是这致命的透明性最初的迹象,也是为它拉响的警报。这就像流体在加速运动时,形成漩涡和反常流动,就会停止前进或分散。混沌,是一种限制,如果没有它,事物就会落入绝对的真空。因此,各种极端现象也以其隐含的失序,成为一种混沌性的预防,防止秩序和透明性到达各种极端。另外,尽管如此,我们如今也已经步入某种思想进程的终点。性解放运动的发展就是这样:我们已经步入某种享乐进程的终点。即使性的混乱全面实现,那么,性也会自毁于迅猛扩散的无性化进程。经济上的交换也是如此。金融投机就好比漩涡,阻止了各种真实交换全面拓展。它引起瞬时的价值流通,让经济的模式触电失灵,从而形成短路,阻止灾难,而那种灾难,将是**所有**交换的自由转换。那种彻底的自由,将把价值送入真正的灾难。

我们本来面临全体失重的危机、某种不能承受的生命之轻、某种普遍的混乱、随各种进程迈向真空的线性发展,而这些我们称之为灾难的漩涡突然形成,却让我们避免灾难。这种种反常和离心运动,重建了重力和高密度地带,以阻止一切消散。对此我们可以想象,这就是我们的社会将那受诅咒的部分以特定的形式分泌排出,就像那些原始部落通过投海自杀来清除过剩的人口,因为这顺势治疗般的少数人自杀,可以保持全体的内稳态。

因此,灾难的真相也许是整个种族的某种缓和策略,或者说,我们面对的各种病毒、诸多极端现象,尽管是真正存在的,但都存在于局部，它们的作用，就是完整保留**虚拟的**灾难的能量，而这种虚拟灾难，就是我们从经济到政治、从艺术到历史等各种进程的发展动力。

我们的幸运和厄运，一并归于流行病、接触传染、连锁反应与增殖。我们的不幸，在于癌症的转移、政治的盲从、生物领域的病毒性、信息领域的谣言。但是，所有这些在深层意义上也构成了我们的幸运，因为连锁反应的发展进程是无关道德的，超越了恶与善，是可逆反的。其实，我们一并接纳了这厄运和幸运，对它们抱着同等的迷恋。

我们见到某种可能性：某些进程，比如经济、政治、语言、文化、性的进程，甚至包括理论和科学的进程，有可能撇开意义的限制，通过直接传染而发展，而它们依照的法则，是各种事物相互之间纯粹的内在性，而不是它们的超越性或相关性。这种可能性，既为理性设下了难解之谜，又为想象力提供了绝佳的替代选择。

要认识这种结果，我们不妨从时装的角度去看。时装从未得到过阐明。这个领域让社会学和美学无能为力。时装，就是各种形式的奇妙的传染，它一方面含有病毒式的连锁反应，另一方面也服从凸显个性的逻辑。时装给人的愉悦，当然是文化上的，但它难道不也源自符号游戏中闪现的即时共识？再有，一旦时装洗劫了人们的想象力，它就会像流行病那样自生自灭，因为病毒已经自我耗尽。而时装造成的代价也是同样的，它的浪费过高。但大家对此都是默许的。社会的奇妙之处就在于，它在表面上给我们超快的符号流通（而绝非超慢的意义流通）。而我们热衷的就是直接受到感染，不加任何思考。时装的毒性，其灾害不亚于瘟疫,却没有任何社会学从道德角度、没有任何理性思考从哲学角度对它彻底地考察过。时尚是一种无以撼动的现象,因为它参与的是那种荒诞的、病毒性的、直接的传播模式,而这种传播之所以快速进行,恰是因为它不借意义为中介。

所有略去中介的事物,都是享乐的来源。例如诱惑,它让我们从此方去向彼方,而不涉及同一者(克隆技术与之相反:它让我们从同一个得到同一个,不经由他者;但克隆仍令我们着迷)。例如变形,它让我们从一种形式过渡到另一种形式,而不经由意义。例如诗歌,它让我们从一个符号到达另一个符号,而不经过其来源。我们在略过某些距离、某些中介空间时,总会产生某种陶醉。而速度本身,不正是让我们从一个地方来到另一个地方而不耗费时间,从一个时刻进入下一个时刻而不经由过程和运动? 速度奇妙无比,只有时间枯燥乏味。

冲动和反感

Pulsion et Répulsion

各种回路趋于同质,世界在综合效应和假体中趋向理想化,趋向积极、共识、同步、表演,所有这些因素,构成了一个让人难以接受的世界。不仅身体会排斥人为植入或取代的部件,不仅动物的精神会作出反抗,就连精神本身,也会反抗它所面对的无数种过敏原(allergie)形式所产生的**协同作用**(*synergie*)。宣泄、反抗和反感,这种形式源于特异的能量。这种内源性的能量,取代了否定性以及批判性的反抗,产生了我们时代里最为典型的诸多现象:病毒病理学、恐怖主义、毒品、犯罪行为,甚至包括某些所谓肯定性的活动,例如对表演的集体崇拜以及对生产的集体歇斯底里症,而它们的发生,不仅是出于创造什么的冲动(pulsion),更是出于摆脱某些事物的强迫症(compulsion)。我们如今的动力来源是驱逐和反感(expulsion et répulsion),而非所谓的冲动。自然灾害本身就像某种形式的过敏反应,是大自然反抗人类的可控性的支配。在否定性消亡之际,自然灾害构造了某种无以撼动的暴力符号、某种代表着否定的超自然稀有符号。再者,自然灾害的毒性,常常通过传染而引起社会混乱。

那些强有力的冲动或是驱力,连同它们肯定性的、选择性的、吸引人的力量,都不复存在了。我们仍然怀有渴望,但已相当无力;我们对自己的喜好越来越不明确。喜好和欲望的各种构成,就像意志的各种构成,通过未知的神秘作用,都自行消散了。相比之下,恶的意志、反感和厌恶的各种构成,却大大增强,比以往更牢固。这时就好像产生出某种新能量、某种反能量,这种力量,置换了我们的欲望、我们的世界、身体和性的生命宣泄过程。如今,我们只明确我们厌恶什么,却不确定我们喜好什么。只有各种反抗是强有力的,各种设想却不再有力。我们的各种行为、各项事业、各类疾病,越来越缺乏"客观的"动机,它们大部分产生于某种隐秘的自我厌恶或无所继承,让我们用一切方式来摆脱自己的力量。因此我们只有一种驱魔术,而不再有行动的意志。这种形式,似乎重新体现出恶的原则,它近于魔法,而其重点,就是我们所说的驱魔术,一切果真如此吗?

齐美尔曾说:"否定,其内涵是极为简单的。因此,各种群体因其各分子不能就目标达成一致时,就采用否定。"我们不用期待各种群体给出肯定性的意见或是批判性的意愿,因为他们并不具有这些:他们具有的,只是漠然化的能力、排斥(rejet)的能力。他们的力量,仅仅在于他们驱逐什么、否定什么,而他们先要驱逐和否定的,就是超越于他们的任何设想,是高于他们的任何阶级和智力。在这其中,有某种狡猾的哲学,它源自那最残暴的、属于野兽和农夫的经验:谁也休想骗我,休想骗我去卖命,也别骗我有美好的明天。这是人们对政治秩序的深刻厌恶(它也能与特定的政治主张共存)。人们厌恶的,是权力的野心和超越性,是政治的必然性和可憎。如果说过去人们还有着某些政治上的激情,那么今天在人们对政治的根本厌恶中只剩那特有的暴力。

很大程度上,权力本身就建立于厌恶。任何宣传、任何政治话语,都是公然冒犯人的智力和理性,而在这场冒犯里,我们也是帮凶，行使了卑鄙的默许。如今人们受到统治，不需要各种巧计作掩饰，只需要公开的欺诈。这种行为的原型，就是那个众所周知的银行家摆出吸血鬼的嘴脸说道："我关心您的钱。"①而十年以来，这种卑鄙行为，就像政府方针一样俨然成风。当时我们说：这个广告非常糟糕，没有考虑对人有所侵犯的含意。但恰恰相反，它是一则预言般的广告，完全预示了各种社会关系的未来发展，因为它们恰恰走向了厌恶、贪欲和侵犯。情色广告和食物广告也是如此：它们指向粗鄙和淫秽，以形成侵犯和不适为策略。如今，有人在引诱一个女人时，说的是"我关心您的性别"。这种粗鄙的形式，同样占领了艺术领域：我们总是遇到的那一大堆粗俗作品，等于在跟我们说："我关心您的低智商和差品位。"而人们放任这场公然的欺诈、这场良知沦丧的巧妙入侵。

其实，我们对事物也不再有真正的厌恶了。我们的文化是折中的，它对应着所有他者的瓦解和邻近，其中没有什么是不能接受的，正是因此，人们的厌恶在增长，人们想要唾弃这种邻近、这种对恶劣情况的漠然、这种对立面的黏合。在这种情况下，在增长的既是厌恶，也是厌恶的缺失：人们在过敏原刺激下想将所有一并排除，又陶醉于温室而营养过剩；人们遭到过敏原协同作用和共识的欺诈，又对其容忍。

所以说，我们并非偶然谈到免疫和抗体、器官移植和排异。在羸弱时，人只去吸收和同化；而在盈余时，人要做的就是去排斥

---

① "我关心您的钱"（"Votre argent m'intéresse"），这是法国巴黎银行在20世纪70年代初的广告语，曾因言辞不当招致反感。——译注

和驱逐。今天,普遍化的传播和过剩的信息威胁到了人类的各道防线。象征性空间、形成判断的头脑空间失去了所有防护。"我"无以断定何为美丑、何为本原,不仅如此,生物有机体也无以断定对自身何为有益、何为有害。在这种情况下,任何东西都变成了恶意的客体,而我们的防御仅有宣泄和排斥。

我们常有的讥笑,本身就是生命的宣泄,而我们宣泄的就是那复杂的局面或骇人的混乱带给我们的厌恶。我们吐出冷漠,但又对它着迷不舍。我们喜欢掺杂一切,但同时又对其反感。通过这种生命反应,机体得以维持它象征性的完整,即便会付出生命本身的代价(如身体排斥移植的心脏)。于是我们可以理解,身体当然会拒斥对自身器官和细胞的随意替换,而器官和细胞在癌变后自然会拒斥其所承担的功能。

以恐怖主义为镜

Miroir du terrorisme

恐怖主义的存在，难道不正是社会场域内的某种暴力宣泄？

1985年，布鲁塞尔发生了海瑟尔球场惨剧①，而类似事件对人们想象力的冲击，不仅在于其中的暴力，更在于暴力在电视上波及全球，它是经由全球化易装改扮的暴力。

"20世纪末怎么还能发生这种暴行？"这是个假问题。我们所见的，并不是某种原始暴力的复活。原始的暴力要更狂热，也更崇尚牺牲。而我们所面对的暴力，源自我们的超现代性（hypermodernité），它系于恐怖。它是拟像的暴力：它与其是生于激情，更是生于屏幕，它与各种图像的性质相同。这种暴力，正是在屏幕的真空中、在它给精神世界穿凿的空洞里具有能量。这种情况已经发展到，我们最好避开正在进行电视转播的公共场合，因为电视转播本身就很有可能引来某种暴力事件。无论在哪里，各种媒体已经围绕着恐怖主义的暴力行为产生了自己的运作方式。事实上，这种特殊的形式才是现代的，它的现代程度要超出那些人们找来的"客观"原因：种种政治、社会、心理原因，都不可能充分说明这种事件。

这种事件之所以发人深省，也是因为人们本来在某种意义上对它有所期待。我们每个人都是帮凶，都在期待一种宿命般的事

---

① 海瑟尔球场惨剧，是指1985年在欧洲冠军杯决赛之前，英格兰和意大利球迷因争斗发生踩踏事故而造成伤亡。——译注

态,即便会因此而触动或震惊。人们批评警察毫无作为、没有阻止暴力事件的爆发,但让警察无法防范的,正是人们对恐怖主义模式的集体协作和眩迷。

　　这种事件的发生,是悬而未决的暴力突然成形。这种事件,并不是敌对力量之间的对抗,也不是敌对激情之间的冲突,而是游荡和漠然的力量(部分来自那些坐在电视前的惰性的观众)产生的结果。足球流氓的暴力行为是冷漠的突出表现,它之所以造成如此恶劣的影响,只是因为它让冷漠发生宿命般的成形。从根本上说,这种暴力超出了事件,就像恐怖主义,是事件的缺失所导致的爆发形式。或者说,这种暴力在形式上是向内的爆破,它产生于政治的真空(尽管某些群体表达不满)、历史的沉寂(不同于个体所受的精神压抑)、在事件中一切内爆事物的漠然和沉寂。所以说,这种暴力不是我们社会生活中的荒谬片段,而完全印证了我们的社会生活正加速冲向真空。

　　这种暴力,还关系到另一种逻辑,即人们追求角色的转变:有些观众(英格兰球迷们)当自己是演员。他们成了主角(足球选手),在媒体的注目下展开了自己的演出(要承认,这场演出比本来的要更吸引人)。然而,我们向现代观众所要求的,不正是如此吗?我们不正是要他们成为演员、抛弃观众的惰性、亲身参与演出吗?这不正是参与性的文化所倡导的主旋律吗?矛盾的是,正是某些类似事件,尽管非其所愿,却实现了参与模式在现代的超社交性(hypersocialité)。尽管我们一脸心痛,但一场摇滚音乐会毁掉两百张椅子恰恰证明了演出成功。参与究竟该在哪里止步?或者说,参与的过度是从哪里开始?其实,倡导参与的那套话语,恰恰忽略了这一点:**良性的**参与,止步于各种呈现了参与的**符号**。

不过各种事态往往并非如此。

罗马人曾经直率地提供这种演出,让猛兽和角斗士直接在舞台上搏斗,而我们提供的演出,只在幕后、源于偶然、违背法度,而且只为了让我们从道德上予之谴责(我们在世界各地让这些演出在电视上自生自灭:那短短几分钟的报道,不过是年度热门节目连播的开头片段)。甚至1984年洛杉矶奥运会,也变成了一场大型节目、一场世界性的作秀,尽管其中所飘荡的是同1936年柏林奥运会一样炫示武力的恐怖主义氛围。这场全世界的体育盛会,因此转变为冷战战略,这完全亵渎了奥林匹克精神。而体育一旦脱离奥林匹克精神的基本原则,就可以服务于任何目的:它或是炫示威望,或是炫示暴力,从竞争性和再现性的游戏转为马戏般眩迷的游戏(借用罗歇·凯尤瓦的分类)。并且,这也符合我们社会的普遍趋势:各种再现系统转为基于模拟和眩迷的系统。政治也没能逃开这种趋势。

事实上,在海瑟尔体育场的悲剧背后,存在着一种国家的恐怖主义。这种国家恐怖主义不仅仅体现为各种密谋行动。它的运作方式,是导入一种最恶劣的政治,用某种政治去挑衅本国的公民,用某种方式让全体范围内的各类人都失去希望,直到把他们置于某种自生自灭的状态,而这就是某些现代国家政策的一部分。于是,撒切尔夫人采用最恶劣的手段,成功地排挤了那些弱势群体,让他们在全社会的注视下败坏了自己的名声。她也用这种手段对待失业的足球流氓群体:她像是把他们当作特种部队派向外国,当然这是为了让他们受到谴责,然而,他们的暴行其实与她行使权力时的暴行如出一辙。这种排挤手段多少有些极端,它避开了对危机的回应,是所有现代国家惯用的伎俩,它终将导致各种类似的极端事态,而这类事态源自某种**国家决不反对的**变相恐怖主义。

各个国家在无法打击和消灭彼此的时候,就会几乎自动地转向本国人民和领土,展开某种内战。于是,国家攻击其本身的自然来源。(任何符号、任何有意义和代表性的事例,难道不都是同此宿命,会去消灭其自然来源吗?)

无论如何,这至少是政治的内在宿命,在其中,那些被代表者与代表者对此都完全知情,即使并非显然。我们都是不自觉的马基雅维利主义者,因为我们都模糊地意识到,代议制不过是一种辩证的虚构,它掩盖了两方力量的生死对决,也掩饰了某种意志,这种意志追求权力以及另一方的失败,从而以自愿被奴役的方式丧失了自身:任何权力的奠基,都要依靠国王的霸权和人民的牺牲。

我们要关心的问题,既不是人民是否得到了代表,也不是统治是否合法。这种政治格局本身换来了某种对决,它脱离了社会契约,是一种跨政治化的两方对决,一方是追求极权式自我佐证的机关,另一方是反讽的、容忍的、不可知论的、幼稚的大众(他们无可声张,而只有闲谈)。这是身体患有疑心病而吞噬了自身的器官。各种强权、各个国家挑起愤怒,以摧毁自己的城市、景色和实体,而在过去,正是这种愤怒推动它们去消灭敌人的城市、景色和实体。

国家缺乏根本性的政治策略(也许再也不可能有这种策略),无法对社会做到合理管制,这时,国家就会发生脱社会化

(désocialiser)。国家不再奉行政治意志,而是展开欺诈、威慑、模拟、挑衅或耸人听闻的煽动。国家开创了一种疏远的、冷漠的政治,让社会也陷入其中。这就是**跨政治化的现实**,它藏在所有官方政治的背后,是犬儒式地协助参与社会的消失。足球流氓的行为,不过是把这种跨政治局面推向了极端:他们让参与行为直逼悲惨的限界,同时以暴力和报复行为相要挟。由此看来,他们与恐怖分子没有什么区别。而这种操纵,先不谈任何道德上的义愤,它之所以值得我们注意,是因为这种模式总是极端地重现,因为类似事件就像一面镜子,反映出我们的政治社会的消失,而各种假的"政治"事件正在不顾一切地乔装登场。

有一件事可以看作海瑟尔惨剧的回响:1987 年 9 月,在马德里举办了欧洲优胜者杯皇家马德里队对那不勒斯队的比赛,但赛事安排在晚上,在一个空荡的体育场里进行,场内没有一名观众。如此举措,是国际足联惩戒上一场比赛中皇家马德里队球迷的过激行为。数千名球迷围拢了体育场,但是没有人进得去。比赛全程经由电视转播。

这种禁令,绝不能根除足球比赛引起的沙文主义激情,却反而完美诠释了我们世界里的恐怖主义是超现实的。这种超现实是指,"真正的"事件发生在真空中,背景被删改,只能从电视上远远地看到。我们可以对各种事件的未来提出这种手术预后:一次事件,将会如此之小,以至于不会发生,而通过屏幕,它会得到最高程度的放大。没有人将会因其遭受命运的波折(péripétie),然而所有人都将收到它的图像。它将变成一次纯粹的事件,脱离任何自然来源,所以我们只用提供与它等效的人工合成影像。

马德里这场幻影般的比赛,在某个方面也类似于海瑟尔的那场比赛,因为其中真实的足球事件黯然失色,而更为戏剧化的暴力形式占据了主动。这种偏离总是可能发生,它让公众不再是公众,转而成为受害者或是加害者;它让体育不再是体育,转而成为恐怖主义事件。正是为了避免这种偏离,赛事组织者直接清空了观众,从而保证所发生的只是一场电视转播中的事件。他们只有抹除所有参照性的来源,才能准许事件出现在电视这块精神化的屏幕上。

  于是,从某种意义上说,各种政治事件本身也是面对一个空荡的赛场(代议制这种虚无的形式)而展开,这里赶走了所有公众,因为他们有可能过于激情高涨,这里发出的只是电视转播(特写画面、走势图、民意调查)。这番事态依旧能够运作,甚至会让我们饶有兴味,但这就像一个国际政治联合体不限期地架空了公众,清空了每座体育场,只为保证赛事客观地进行。我们的跨政治化舞台也正是如此:所有的演员都从公共空间的这种透明形式中撤离,所有的激情都从事件的这种纯粹形式中褪去。

"恶"之去向

Mais où est donc passé le Mal ?

各种形式的恐怖主义都可以作为镜子,映照出恶的跨政治变化。而真正的问题、仅有的问题,就是"恶"去了哪里?答案是:恶无处不在,因为恶的各种现代形式可以无止境地畸变。这个社会,推广预防、消除它与自然的各种关联、漂白暴力、消灭所有病菌和受诅咒的部分、整容改造否定因素,它所关心的只剩下如何去精细地管治、去讲述"善"。在这个不可能再谈"恶"的社会里,恶变形了,融入各种病毒性和恐怖主义的形式来纠缠我们。

我们没有能力将人逐出教门,没有力量去指认恶,而这种能力,却可以在其他场合重现。正是因此,霍梅尼①宣判拉什迪②,制造了一番后者被西方劫持的处境,这公然证明了,一次发言的象征力量就能够颠覆所有的权力关系。

霍梅尼对抗整个世界,在政治、军事、经济力量上完全处于下风,但作为宗教领袖的他拥有一件武器,它并非实物,却近于终极

---

① 阿亚图拉·鲁霍拉·霍梅尼(Ayatollah Ruhollah Khomeini, 1902—1989),伊朗伊斯兰教什叶派宗教领袖。——译注

② 萨尔曼·拉什迪(Salman Rushdie, 1948—),英属印度籍小说家、散文家,因写作《撒旦诗篇》(1988)而触怒伊朗伊斯兰教信徒,被宗教领袖判决死刑并号召教徒对其采取暗杀行动。后拉什迪长期受到英国政府保护,直到1998年伊朗宣布废除对他的死刑判决才重获自由。——译注

武器,它就是恶的原则①。他可以否定西方所有的价值,例如进步、理性、政治伦理、民主等等。他否定人们对这些良性事物的普遍共识,从而获取了恶的能量,这是属于被天主弃绝者撒旦的能量,是受诅咒部分的爆发。今天只有他有发言权,因为只有他对抗一切人而继承了摩尼教对恶之原则的立场,只有他宣讲何为恶并且对其驱魔,只有他能做到制造恐慌而体现恶。他的决策,让我们无从理解。不过我们看到他由此显得高于西方,因为在西方,人们已经没有可能指认恶,而且每一丝否定性的痕迹都被潜在的共识深深掩埋。我们的各个政治强权,本身已经沦为空有职能的影子。因为权力在于它可以用象征能力指认谁是他者和敌人,何为利益、威胁与恶。如今,权力失去了这种能力,并且相应地,我们也失去了反对力量,无从将权力指认为恶。我们用于破坏、戏谑、论争、对抗的力量大为削弱,我们的社会因盲从而萎靡无力,或因萎靡而沦为盲从。我们除去我们受诅咒的部分,只宣扬积极向上的价值观,以至于变得极为脆弱,不堪承受最轻度的病毒侵袭,而对宗教领袖霍梅尼发起的攻击,也同样没有免疫力。我们对他的反击手段,只有声张人权,但却软弱无力,而且这本来就是政治的免疫缺陷症的部分病因。另一方面,我们声张人权,把宗教领袖霍梅尼看作"绝对之恶"(如密特朗所言),换句话说,我们等于跟他发出同样的诅咒,违反了开明话语应有的约束(今天我们怎么能把一个疯子公然叫作"疯子"?我们对残疾人已经

---

① 注意这里"恶"的概念具有深刻的反讽意味。本书有意效仿和继承波德莱尔的《恶之花》以"恶"的名义挑战人们"普遍共识"的精神。因而本段的真正用意仍在于对代表这种"共识"的西方文明的批判。——编者注

不说"残疾人"了,我们对恶有如此严重的恐惧,以至于我们满口的委婉说法,以避免提及他者、不幸或无可撼动的事物)。所以让我们震惊的是,有人竟然高声正气地宣讲恶的语言,击中了西方文化的软肋,即便知识分子群体多次联名发声也于事无补。在这种情况下,我们讲究的法理、良知、理性都与诅咒勾结起来。它们所做的,不过是调用各种资源发起逐出教门般的宣判,落入了恶之原则的圈套,而恶之原则本质上是传染性的。所以说,谁赢了?毫无疑问是霍梅尼。当然,我们的武力足够摧毁他,但在象征意义上是他赢了,而且象征性的力量向来高过武器和金钱。在某种程度上,这是他者世界的复仇。从前第三世界一直没有对西方世界构成真正的挑战。而且就苏联而言①,尽管它几十年来一直被西方看作恶之原则的体现,但也慢慢地站到了善的一边,通过协调缓和了不少事态(极其讽刺的是,正是苏联,主动担任西方和那德黑兰的撒旦之间的调解人,之前还在阿富汗捍卫西方价值长达五年之久,才让人们有所察觉)。

拉什迪受到死亡宣判,引起全世界的震惊、好奇和反感,这就像飞机因机身受损或破裂而导致的机舱失压现象(尽管它属于事故,但也像恐怖袭击)。因为两个空间的压力差,内部的一切都被暴力地吸到外面,冲向真空。要造成失压,只需要在那分隔两个空间的超薄分隔层上形成一个小裂口或是小洞。所谓恐怖主义和挟持人质,正是最典型的此类行为,即对一个人造的、表面上受保护的世界(我们的世界)凿出裂口,这也是(我们的)人为保护

---

① 在本书出版的1990年,苏联尚未解体。——译注

的结果。而整个伊斯兰世界、**今天的**伊斯兰世界①,已经完全不同于中世纪的那一个,我们看待它,应该从**战略**角度,而不是道德或宗教的角度,而它所做的,就是在西方体系(包括东欧国家)的周边制造真空,并且不时地通过单独的行动或是宣言凿出裂口,让我们的所有价值从那里没入真空。伊斯兰世界没有对西方世界施加革命性的压力,也不会冒险用信仰和武力征服西方:它只想借用恶之原则的名义,通过这种毒性的侵犯,让西方产生不稳,而我们对此是毫无防备的。而因为两个环境的压力差埋下了灾难的可能,受保护的世界(我们的世界)就会一直面临危险,我们呼吸的空气(各种价值观)就可能骤然失压泄尽。实际上,西方世界已经从各种裂缝和空隙中失去了大量的氧气。我们不妨为自己戴上供氧面罩。

霍梅尼的策略不同于人们所想,其实现代得令人吃惊。它甚至比我们的策略更为现代,因为它是将某些原始的元素巧妙引入了现代背景中:伊斯兰教令(fatwa)、死刑谕令、咒法,诸如此类。假如我们这个西方世界是不可动摇的,那么它们本该全都派不上用场。但与此相反,我们的整个系统都因其消解了,充当了共鸣箱:它成了传播那种病毒的超导体。这意味着什么?这种情况,又是他者世界的复仇:我们向其余的世界带去那么多病菌、疾病、

---

① 须注意,著者在此所论及的"今天"是指本书写作和出版的 1990 年,自 106 页至此的段落,所针对的不是现在伊斯兰世界某些极端势力策划的恐怖袭击,只是当时霍梅尼的言行;而其论述的重点,也不是关于这位伊斯兰领袖或伊斯兰世界本身的任何争议,而是这类争议所反映出的西方文明的内部矛盾和病态——后者才是本书着力诊断、分析和批判的对象。——编者注

传染病、意识形态，侵害了那里毫无防御的人们，而现在我们好像遭遇各种事态的讽刺性逆转，无从防御某个肆无忌惮的小小的原始微生物。

甚至人质本身也成了病原体。阿兰·博斯凯在他的小说《专业人质》（Alain Bosquet, *Le Metier d'otage*）中写道，某个人作为西方世界的一分子，被带入了真空，不能也不愿返回家乡，这是因为他在本国人眼里已经堕落了，但更是因为他的整个祖国和所有同胞都一起堕落了，因为他们被迫消极处理事态，本身就很怯懦，甚至跟绑架者交涉时也毫无公德，于事无补。先不论与绑架者的交涉，每次人质事件都见证了整个集体面对少数成员的必然怯懦。这种集体的冷漠，对应着每个个体对集体的冷漠：这就是我们西方的（不良）运作模式，而这种政治惨状，正是由人质战术无情揭露的。让单一个体失去稳定，就能让整个系统失去稳定。正是因此，那个人质永远不能原谅同胞们把他塑造成英雄又转眼忘掉。

我们不能影响霍梅尼的想法，也不能影响穆斯林的内心。我们能做的，就是拒绝那种无力的思想，即把一切归咎于宗教所致的狂热。但我担心的是，我们没有足够的视野来看清那象征性暴力的挑战，尤其在此刻，我们正要删去法国大革命的往事给我们的恐惧，只为让我们的纪念顺应共识，将它们像气球般捏成各种形状。① 但我们如果根除自身历史中的暴力，又何以面对那新的暴力？

---

① 作者完成本书时正值法国大革命 200 周年纪念。——译注

我们再也不能指认恶。

我们能做的只是高举人权的话语,但人权的价值是虔敬、无力、无用、伪善的,它的根基,是启蒙观念相信人自然倾向于善,是各种人类关系的理想假设(因此人们才认为只能以恶制恶)。

再者,对这种善,对这种理想价值,我们的理解总是保护主义的、底层关怀的、否定性的、反作用的。这种善,不过是将恶最小化,或是对暴力只作预防,只去增强安全感。这种善的意志,具有居高临下的、压制性的力量,只知道追求世界的公正笔直,拒绝思考恶的曲折与恶的智力。

所谓"言论自由的权利",要求言论必须是某个个体的"自由"表达。如果言论在形式上是二元的、共谋的、抗争的、诱惑的,这样的人权概念就没有任何意义。

难道我们还要主张对欲望的权利、对无意识的权利或对享乐的权利?这种要求是荒谬的。正是因此,性解放运动在谈及权利时变得可笑。正是因此,我们以人权的名义来"纪念"法国大革命时,也变得可笑。

所谓"生存权",的确会让所有虔敬的心灵为之振奋,但当它遇上死亡权的时候,整个事情的荒谬性就显而易见。这是因为,死亡或生存都属于命运或(幸运或厄运的)必然性,当然不成其为权利。

为什么没有人要求作为男性或是女性的"权利"?为什么没人要求作为狮子座、水瓶座还是巨蟹座的权利?就算人有这种权利,作为男性或女性究竟意味着什么?其实更有趣的是,生命将你安排在性别的一边或另一边,再让你去演绎。这就是这个象征性的游戏的基本规则,而我们毫无必要去打破它。我可以要求一种权利,让棋盘上的马改走直线,但这又有什么意义?在这类事情上要求权利是愚蠢的。

劳动的权利:终于有人如此要求了,真是残酷的讽刺。人们还要求,给我们失业的权利!罢工的权利!这里面超现实的滑稽感已经被人们熟视无睹了。但我们还是见到某些充满黑色幽默的情况,比如美国的死刑犯,不顾各种人权团体废除死刑的斗争,而要求受刑权。这时事情就变得有趣了。所以说,那套人权会生出意外的变种:比如以色列人因为过去一直是受害者,现在竟然要求权利窝藏罪犯。他们简直可以自己发放官方的犯罪许可了!

苏联在切尔诺贝利核事故、亚美尼亚大地震、核潜艇遇难事故的灾后救援中,确实有很大的人权改善(好于苏联在芬兰或其他地区的政策),让人们有处理灾难的权利。而这就是最本质、最根本的权利——让人有权利造成事故、犯下罪过、发生过错、做出恶行、致使恶化,而不是只有权利致力改善——正是这些,而不是那争取幸福的权利,让你值得被称为人。

人权不可抗拒地形成这不祥的扭曲状态:如果某件事理所应当,那要求对它拥有权利就是多余的;如果人们强烈要求某种权利,那就是因为这种事物已然失去。因此,人们要求干净的水源、无污染的空气与空间,就反映了这些东西濒临灭绝。人们要求澄清名誉的权利,就表示缺少对话,如此等等。

各种个体的权利失去了意义,是因为个体不再是异化的存在,因为个体不再处于剥削利用和物质匮乏的社会,不再让本身的存在被剥夺殆尽,不再外异于自身,因为个体在后现代的公式下是自我指涉、自我表演的。这种形势下,基于各种人权的系统完全不相匹配、脱离实际；而个体，因为灵活机动、如几何图形般形态多变，不再是权利的主体，他成了自身存在的战术指导和宣传员，他不再需要伸张某种人权，转而依赖于他的操控和表演达到多么高的质量。

尽管如此，世界的现状却充满各种人权的呼声。这是当前仅存的意识形态。也就是说，这是意识形态的清零点，是整个历史的尾声。各种人权和生态诉求，就是滋补着共识的汁液。现在的世界地图，就是新生态政治的地图。

各种人权受到尊崇，这让我们所看到的，是不是愚昧在无以抗拒地崛起？这座将倾的大厦，是否想用共识的光亮，照亮我们这个世纪末？

逝者的名单

Nécrospective

人们围绕海德格尔争议不休,这纯属徒劳,没有任何哲学意义。这场争论作为症状,体现了当今思想的羸弱,它找不到任何新的能量,就总是刻意挖掘各种起源,要求各种来源的纯净,在20世纪末来临之际,沉痛地重现20世纪初蒙昧的思想场景。更广泛地说,海德格尔论争作为症状,在这个世俗化全面形成的时刻,体现了社会受到新的主宰,即集体的回潮:法西斯主义、纳粹思想、种族灭绝言论的回潮,而这代表一种趋势,即人们想要重新讲述蒙昧的历史场景、粉饰屠杀、整理过去;这也代表人们对重返暴力起源的变态迷恋、对罪恶的历史真相的集体妄想。今天我们的想象力处于如此虚弱的状态,我们对自身的处境和思想如此冷漠,以至于我们诉诸如此倒退的邪术。

有人谴责海德格尔曾是纳粹分子。不过,人们谴责他还是维护他都无所谓:这两方的所有人,陷入了同一个陷阱,受制于同一种低级的、神经质的思想。这种思想,对自身的各种来源失去了基本的自信,没有能力去超越它们,它将自己仅存的能力枉费于各种指责、抱怨、辩解和历史考证。我们的哲学陷入自卫,任人(甚至是那些毫无进展的思想家)主使;我们的整个社会也陷入自卫,它不能产生新的历史,只顾重复先前的历史,来证明它的存在、它的各种罪行。但这种证明还有什么意义?我们不过是因为**今天**我们在政治和历史上失踪了(这就是我们的问题),才设法证明我们的死亡发生在1940年到1945年之间,发生在奥斯维辛集中营里或广岛核爆中,因为那样至少是死在一段关键历史当中。我们就像那些亚美尼亚人,竭尽全力证明自己在1917年遭受过大屠杀,尽管这种证明无法达成、无处使用、只对他们有某种重要性。我们想去证明,不过是因为如今哲学也消失了(哲学所面对的问题就是:它如何在消失的状态下生存),于是,哲学想要证明它因为海德格尔作出了妥协,或面对奥斯维辛惨剧患上了失语症。所有这一切,都反映了人们绝望地依赖历史,想给出逝者的生平真相和应得的辩护,而这种历史性依赖,是因为在这个时刻,我们再没有足够的真相来形成任何验明、再没有足够的哲学来建立理论与实践的任何联系、再没有足够的历史以供往事成为历史实证。

很多人都没有注意到,我们的所有现实,都是在媒体上发生,这也包括过去的各种悲惨事件。这意味着从历史角度去证实、理解这些事件已经为时过晚,因为我们这个时代、这个世纪末的特点就在于,那种知性所依赖的各种工具已经不见了。要理解历史,只能在历史尚未消失的时候。而要谴责(或维护)海德格尔,也只能在时机未过的时候。要提出一桩控诉,所针对的必须是一个没有断裂的过程。现在为时已晚,我们已经过渡到了不同情形,我们在电视上看过了《大屠杀》(*Holocauste*)的节目,我们也看了纪录片《浩劫》(*Shoah*,1985)。对它们所拍的事物,我们在尚有条件去理解的时候并未理解,从今往后也不会理解。这是因为,诸如责任、客观原因或历史的意义(或无意义)等根本概念已经消失或正在消失。道德良知或集体良知的各种结果,完全是媒体造就的结果,而人们亡羊补牢地抢救这种良知,不过反映出它尚存的生气无多。

面对纳粹主义、集中营惨案或广岛核爆，我们将永远不知道它们是否得到了认知，因为我们不再处于同样的精神世界中。在我们的世界中，受害者和加害者可以互换，责任可以衍射、溶解，这就是我们美妙的交互中的好处。我们没有遗忘的勇气，只有对图像的失忆。而当大家都犯了这种病，谁又能指出是谁失忆？而关于尸检，再没有人相信解剖可以验明各种事实：我们只是遵照某些样板去做事情。即使某些真相被找到，坦呈在我们眼前，它们仍旧不能构成证明或罪证。正是因此，人们越是探究纳粹思想、毒气室等等，越是加以分析，反而越使这些事物不可知，最后按照这套逻辑提出荒唐的问题："说到底，这一切真的发生过吗？"这种提问可能令人义愤填膺，但值得注意的是，为什么这个提问在逻辑上可行。它之所以可能，是因为媒体置换了各种事件、各种观念以及历史，于是，我们越是从中探究，越是详查其中的各种细节以求得出原因，它们就越不存在，越是**不曾存在过**。我们想传授和记住各种事物，却已经混淆了事物各自的身份。我们漠视记忆，漠视历史，尽管我们努力让历史客观化。有一天我们也许会问，海德格尔这个人是否曾经存在过。弗里森①的奇谈怪论也许可耻（而且他从**历史**角度主张毒气室并不存在，同样可耻），但与此同时，他恰好体现了我们整个文化的动向：我们走向世纪末的死胡同，震惊或着迷于世纪之初的恐惧，面对绝境，我们不可能做到遗忘，所以唯一的出路就是否定过去。

---

① 罗伯特·弗里森（Robert Faurisson, 1929—2018）是法国的纳粹大屠杀存疑派，在1979年声称"希特勒的毒气室"根本不存在，他认为这毒气室的想法"实质上是拥护犹太复国主义的起源"。——译注

无论如何,如果说证据都是无用的,因为不再有任何历史话语构成控诉,那么惩罚也是不可能的。奥斯维辛的种族灭绝永远无以抵偿。我们找不到与它相应的判罚,而判罚的超现实性招致了各种事实的超现实性。我们当前所经历的事态,完全是另外的东西。各种控诉和论战,以集体的、混乱的景象,让我们从历史阶段过渡到神话阶段,对所有那些事件进行神话的、媒体的重建。从某种意义上,这种神话转型是唯一有效的操控,它的效果,不是从道德上为我们开脱,而是梦幻般地洗清我们的原罪。而为了这个目的,为了让一桩罪行变成神话,罪行的历史真相就必须被终结。如果不这样,那所有的事物,法西斯主义、集中营、种族灭绝,对于我们来说曾是并且仍是没有解决的历史遗留问题,就会让我们永远重复这蒙昧的场景。怀念法西斯主义并不危险,那危险且可笑的问题是某种过去情境的病理学重演,在这种情境里,否认和证实毒气室真相的人们、谴责和维护海德格尔的人们,是同台的演员,也近似于同犯;问题也在于,这场集体的幻觉说明了,我们的时代完全缺乏想象力,我们将暴力和今天的虚妄现实的赌注都押在那个时代,我们带着强迫症想让往事重现,因为不在当时而深深自责。所有这些,表达了人们绝望的宣泄,因为那些事件正在脱离真实。海德格尔事件、巴比审判①等等,都是这种真实性丧失所引起的无谓的痉挛,**我们正在发作**,而弗里森的言论则将

---

① 克劳斯·巴比(Klaus Barbie,1913—1991),德国纳粹分子,因其残忍而被称为"里昂屠夫"。在第二次世界大战期间曾参与从被占领的荷兰驱逐犹太人的行动,并于1942—1945年期间在法国追捕犹太人和抵抗组织成员。他于1987年在法国受审,被判有罪并处以终身监禁,后死在狱中。——译注

这种丧失带回过去。他宣称"那些不曾存在过",就是说我们也不曾存在过,甚至无以维持记忆,而且,我们为了感到自己的存在,只能通过幻觉。

附笔

就所有这些情况看来,我们不如直接跳过 20 世纪末?我提议我们提前删掉 20 世纪 90 年代,从 1989 年直接进入 2000 年。毕竟,这个世纪末已然如此,它的悼念文化情结、各种哀诉、各种纪念、各种博物馆化的事物,这样源源不绝,难道我们还要忍受十年这种折磨?

勘误:欢呼吧!历史死而复生!

20 世纪末的事件正在发生。所有人都松了一口气,因为他们发现,历史虽然在一个时期内被极权主义意识形态扼杀,但随着东欧诸国打破铁幕,它又展开了欣欣向荣的进程。历史场域终于重新敞开了,迎接各国人民的不可预料的运动和他们对自由的渴望。相较于过去各个世纪末所流行的忧郁的神话,这个世纪末似乎要让最终进程卷土重来、让希望再生、让所有的局面重新洗牌。

然而仔细观察一下,这个事件变得有些难解,更近于一种身份不明的"历史性"对象。东欧诸国的政治解冻、自由解冻,这无疑是精彩的转折,但自由在解冻之后会变成什么?这种操作是冒险的,因为它的结果是不确定的(并不只因为已解冻的东西不适合再冻)。苏联和东欧诸国曾经建立的不只是针对自由的冷冻室,也是针对自由的测验和实验环境,让自由被收押其中、经受高压。与此相对,西方则是自由的庇护所,或更是自由和某些人权的收容站。如果东欧阵营过度冰封自由被看作其典型的负面标志,那我们西方世界的超流动性则更龌龊不堪,因为我们的各种风习和观点都已经自由了、自由化了,就没有人可以针对自由提出问题。这种问题实际上已经得到了解决。在西方,自由和自由的观念已经得以善终。我们看到,在近年的各种纪念里,自由的理念已经消失。在东方,自由不可能完全灭绝。从实验的角度而言,有趣的是自由重新露面、从失掉所有迹象的状态复活时,会是什么样子。我们将会看到,自由会怎样在确认死亡之后进行复苏与平反过程。但或许,自由的解冻不是那么好看的场景。人们发现,自由只找到一件要务,那就是让人们热情高涨地换来汽车、家电甚至是麻醉药物和情色产品,就是说,它立即将自己换作西方的各色流通货物,也就是说,它从终结于冻结的历史来到了终结于超流动状态和流通的历史,这该如何解释?其实,东欧系列事件之所以耐人寻味,不是因为它们促使某种民主渐渐复苏、给它加入新的能量(和新的市场),而是因为我们从中看到两种个别的历史终结掺杂起来:一种让历史终结在凝固态、在集中营里,另一种让历史从反面终结在传播的全面离心化拓展中。这两种情况带来的都是最终的结局。也有可能,东欧的人权解冻就是"西方失压现象"发生在了社会主义阵营:这是各种能量在东欧经过半个世纪的收押之后,受到西方真空影响而发生的泄漏。

这系列事件中的热诚也许是欺骗性的。东欧诸国的热诚是为了抛弃意识形态的束缚、模仿那些自由国家,但在这些自由国家里,自由早就全被换作服务生活的科技设备。所以,我们知道了自由的真正价值,并且自由再也不会重来一次。历史不会两次上同一道菜。另一方面,长期来看,东欧的解冻也许是不祥的,它就像温室气体过量进入高层大气,引发政治的温室效应,让地球上的人际关系回暖,让共产主义的浮冰融化后淹没西方世界的海岸。奇怪的是,我们把冰山和浮冰因气候变化而消融看作绝对的灾难而无比担忧,却在政治领域对我们的各个强权都抱着民主的希望。

　　在过去,假如苏联把黄金储备投入世界市场,就会让市场完全失去稳定。东欧诸国如果把曾经冰封的巨量自由储备引入流通,也会让各种西方价值的已经脆弱不堪的代谢系统失去稳定。因为在西方系统中,自由已经不再表现为行动,而是虚拟的、共识的互动形式;自由不再有剧本,而仅是自由主义的普遍的心理表演①。突然注入的自由,作为真正的交换,作为诉诸暴力和行动的超越性,作为理念,就会从各个角度对我们协调的价值再分配形式构成灾难。然而,我们正是这样在向东欧要求自由和自由的图像,为此交出自由的各种物质符号。这份交易完全是毁灭性的,它让一方失去灵魂,让另一方失去安逸。不过,对双方而言,这样或许是种改善。

　　那些蒙面的社会(共产主义社会)纷纷取下面纱。它们样貌

---

　　① 心理表演(psychodrame),精神分析学概念,指让人参与即兴表演以求心理疏导和治疗。——译注

如何？且看我们自己，很久以前，我们就扔掉了面具，我们早就没了面具，也没了面孔。于是我们也没了记忆。我们甚至去水中寻找无痕的记忆，这说明我们希望各种分子的痕迹消失之后还能有所遗留。我们对自由也是一样：我们很难生产任何自由的符号，我们只能假定，自由极其微缩、没有具形、不可检出地存在于一个（经过编程和操控而）高度稀释的环境，它的幽灵就游荡在水一般的记忆中。

西方的自由之源如此干涸（正如法国大革命纪念活动所证明），让我们只能寄所有希望于东欧的矿床，关注它的发现和开放。然而，这自由的矿藏一旦自由开放（现在自由的观念已经像某种自然资源那样稀少），又能带来什么后续？后续无非像在任何市场上发生的情况一样，先是各种交换产生表层能量，后是各种能量和各种价值急速崩塌。

苏联的透明化改革（Glasnost）究竟意味着什么？它是对各种现代性符号的迟来的透明化，是快进的、翻录的（它是对我们原创版现代性的后现代重制版），而这些现代性符号，混杂着积极和消极。也就是说，其中不仅有人权，也有犯罪、灾难以及事故，还有苏联从政治自由化以来喜人的复兴势头。透明化改革也带回了色情产物和外星人探索，让它们不再受检阅制度封禁，跟其他一切同时涌现。在这场全球解冻的形势下，正是这些情况显示出实验性：我们看到，各种犯罪、各种自然灾害与核灾难，所有曾经遭到压制的事物，都成了人权的一部分（这当然也包括宗教，而时装也毫不例外）。这种情况让我们更能理解何为民主。因为我们看到，那里所涌现的事物不过是我们这里的事物，是各种所谓普世的人类标志在某种理想化的幻觉和被压制事物的回归当中出现，而其中不乏西方"文化"中最糟糕、最平庸、最陈腐的事物,它们从今以后不再受阻拦。这个时刻,让我们看到我们这个文化的真相,就像我们曾经对峙全世界的野蛮文化时那样(我们并不能说走出了这种对峙)。各种事态如此的讽刺,以至于某一天将是我们被迫去抢救斯大林主义的历史性记忆,而东欧诸国已经将它抛诸脑后。我们将冰封保存对这个暴君的记忆,记住他曾冰封了历史运动,因为这个冰期也是全世界遗产的一部分。

东欧系列事件还有一个重要提示。某些人义正词严地反对历史终结论,他们应该仔细想想历史在此的转向。在这系列事件中,历史不仅没有走向终结(那是对线性历史的幻想),反而走向了逆转和系统性的消解。我们正在抹掉整个 20 世纪。我们正在一个接一个地抹掉冷战的各种符号,甚至是第二次世界大战以及 20 世纪历次政治与意识形态革命的各种符号。两德统一和许多其他事情都是必然的,但它们不是历史的一次跃进,而是对整个 20 世纪的反面重写,这种反面重写就是世纪末十年的主要景象。以我们当前的速度,我们应该很快就会回到日耳曼神圣罗马帝国。也许,这就是这个世纪末给我们的启示,这就是备受争议的历史终结论的真正含义:我们正在用热情的哀悼,压制这个世纪的各个标志性事件,将它们漂白,就像一切都成了过去(历次的革命、殖民地分割、种族灭绝、各国的暴力性联合、核威慑)。简而言之,历史的现代阶段,就是别无出路的绝境,而且,所有人都以曾造就历史的热情来拆解历史。复辟、倒退、平反、边境的重建、旧有隔阂的回归、各种特异性、各种宗教、忏悔的复兴,这些现象甚至浸染了社会风习,而面对它们,我们用一个世纪争取来的那些自由解放的符号都被削弱,就要接连地消失不见:我们处于**修正主义**(*révisionnisme*)的宏大进程中,这种修正主义不是意识形态上的,它修正的是历史本身。而且我们似乎迫不及待地赶在世纪末来临之前结束这种修正,这也许是因为我们私下希望在新千年从零出发,也许我们能回到起始状态。但我们这样消解和粉饰历史,是想回到何时? 回到 20 世纪之前还是法国大革命之前? 这一切的进展可能很快(就像东欧剧变的实例),因为这不是构建历史,而是全面地解构历史,其形式基本上是病毒性、传染性的。或许,2000 年将不会到来,就像我们曾提出的那样,这是因为,历史的曲线将会反向屈折,从而永不跨越这个时间的地平线。历史将是一条渐近式的轨迹,它无限趋近于自身的终点,但永不相接,最后从反向远离。

能量的命运

Le Destin de l'Énergie

这里所述的各种事件，都关系到两层分析：物理学的和形而上学的。从物理学角度来看，我们所面对的是，人类系统正处于走向失衡的宏大的阶段转换中。而这就像各种物理系统的阶段转换，对于我们仍是相当神秘的，不过，这种灾难性的进化，本身并不有利或有害，它的性质仅仅是灾难性的，完全符合灾难的字面含义。

这种混沌的转化，这种初始数据引起的过敏反应，其原型就是能量的历程。我们的文化里有一个不可逆的发展过程，即能量的解放。而其他各种文化的基础，都是与世界保持可逆式的共处、遵循某种稳定的规划，也将自身作为能量的部分来源，而且从未提出解放能量的原则。但对于我们而言，能量是最先"被解放"的事物，而这种模式，塑造了其后的各种解放。人本身解放了，作为能量的来源，由此成了动力，推动着历史的前进和加速。

能量是人投射出的幻想，滋养了现代性当中的各种工业和科技梦想；能量也转变了人对自身的设想，将人的概念看作意志的活动。不过，近来物理学对湍流、混沌、灾难现象的分析告诉我们，任何流动、任何线性的进程，在加速时都会转为奇异的曲线，走向灾难。

我们终将面临的灾难，并不是能量耗尽。至于能量，它在各种形式下会变得越来越充裕，这至少在不超出人类尺度的时间框架内是成立的。核能取之不尽,而太阳能、潮汐能、自然的大规模变动,甚至是自然灾害,诸如地震和火山爆发所含的能量,也都取之不尽(我们可以相信科技的想象力)。由此产生的意外结果反而是,失衡的活动、能源系统自身的过载,却能在很短的时间尺度内造成致命的失控。我们已经看到,核能源的解放造成了举世震惊的结果(在广岛、切尔诺贝利),而且,任何链式反应,不论病毒性的还是放射性的,都有可能导致灾难。我们面对一场全面的灾变毫无防护,而核电站的防护墙也并不能起到防御作用。所以我们可以断定,世界的能源转型的整个系统,已经进入了一个病毒性和传染性的阶段,符合能量的本质特征:它是一次消耗、坠落、变速、失衡、微型灾难,它首先产生各种积极的结果,而一旦它的运动超出自身,它就会升级为一场全面的灾难。

对能量,我们可以将其看作某些结果的成因,但也可以将其看作在自我复制的结果,它因此不再遵守任何因果法则。能量的问题就在于,它既让原因发生革命,也让结果发生革命,让彼此近于独立,因此它所带来的不仅是各种原因的连锁,也是各种结果的断链和爆发。

能量进入了过流体状态。世界转型的系统整体进入了过流体状态。能量不再是一个物质性、生产性的变量,它变成了一个极速发展的过程,并且自给自足(这也解释了我们为何不会缺乏能量)。

我们不妨看看纽约这座城市。它简直是个奇迹:新的一天,一切重新开始,不管昨天耗费了多少能量。要解释这种现象,我们只能认为:能量的耗散不遵守理性原则,纽约这种大都会的运行不符合热力学第二定律,它以它的喧闹、垃圾、二氧化碳排放为养料,这就是能量的耗散产生了能源,形成了奇迹般的更替。某些专家在计量中,只考虑一个能源系统的量化数据,从而低估了这种能量源,它就是能量消耗本身。在纽约,这种消耗被自身的影像变得彻底景观化、过激化。阿尔弗雷德·雅里在小说《超级男性》(Alfred Jarry, La Surmâle)中写到了这种能量的过流态,它存在于性行为中,而且同样作用于精神能量和机械能量:几名自行车骑手骑着十轮自行车(décuplette),沿西伯利亚铁路穿越西伯利亚大陆,在赛程中死去,但还保持蹬车的动作。僵化的尸体变成了僵化的运动,死人不停地蹬车,甚至受惯性作用还会加速。死者的惯性让能量增殖。

这可以联系到曼德维尔的《蜜蜂的寓言》(Mandeville, The Fable of the Bees)。这本书认为,某个社会的能量、财富、荣耀都源自它的恶疾、病患、过剩、缺陷。这种观点与经济学家的观点完全相反。经济学家认为,如果我们消耗了某物,就必须将它再生产出来。而事实并非如此,我们消耗得越多,能量和财富增长得就越多。这种能量,就是灾难性本身之中的能量,它是任何经济学都无以计量的。发生在思维过程中的某种狂热,现在发生在物质的进程中。所有这些情况,找不到可供认知的等价物,它们只有从逆反性(réversibilité)和竞相抬价的角度才能被理解。

因而那些纽约客们的能量回收之源,恰是污浊的空气、加速的生活节奏、持续的恐慌、各种压抑的境况,是一个不适应人类生存的环境。甚至毒品以及吸毒引起的各种失控行为,也很可能提升了城市的活力和原始新陈代谢。所有活动,不论多么高贵或多么卑贱,都加入其中。其中的链式反应波及一切。人们已经不知何谓通常的运转状态。所有人都参与其中,这就像在工业革命的18世纪,也是这种泛滥成灾,也是这种剧变中的过度兴奋,让人们离开生活的必需,转而脱离真实地迷恋着幸免残存,全体感染了这种追求幸存的冰冷激情,甚至以激狂支撑自身。

我们不用错上加错,不用劝这些人放弃这种挥霍无度、这种铺张浪费、这种非人的生活节奏,因为他们正是在那耗尽常人的事物中汲取资源,得到异常的能量;这也因为,如果他们放慢速度、节省能量,就会丧失颜面:那不啻剥夺他们的集体荣耀,而这种特殊荣耀就在于,他们有意或无意地构成了世界上独有的某种失度、某种城市激流。

人类所面临的风险,与其说在于**匮乏**(自然资源枯竭、环境破坏),毋宁说在于**过剩**,如能量的过载、失控的链式反应、盲目的权利自主(autonomisation)。我们作此分别有其必要,因为我们可以就此回应某种新生态政治,它认为风险源于匮乏,已经形成一套原理(它成了"国际基本人权"的一部分),但它的原理完全无法阻断那另一种内在的逻辑、那种加速,因为后者是对自然的孤注一掷。前者寄希望于小生态环境(niche)恢复稳定、各种能量达到平衡;而后者是一种彻底失去平衡的运动。前者面对物质进程推行伦理原则,即超越性的目的,甚至只求生存;而后者将进程本身的目的作为无限的增殖,排斥任何超越、吞噬所有参与者。于是我们看到地球患上彻底的精神分裂症,一边是各种生态调控举措,以良好利用为战略,寻求与世界的理想互动,另一边是各个企业在迅速发展中严重破坏环境、过度扩张。而且,两方的参与者往往是同一批人。

另外,如果说前一种活动的终极目的比较明确(以生态适应性[convivialité]保障种族延续),那后一种活动又抱着何种秘而不宣的终极目的?它的加速、它的离心运动,给人类指定了**一种命运**、一种不同的与世界的象征联系,而这种联系,比起所谓的平衡与互动,岂不是远为复杂和暧昧?它的终极目的,也是病毒性的,并且蕴含着全局性风险。

如果这就是我们的终极目的,那么生态学所信奉的理性之神,就无以抵抗各种科技和能量冲向一个不可预见的终点,它们设下了一场我们不知规则的宏大博弈。即使我们用各种措施展开保护、控制和预防,这些措施所产生的倒错结果也不能庇护我们。我们已经知道,采取预防会将我们带往各个方面的极端境况,不论在社会、医学、经济还是政治上:最完备的保护之中,可能潜藏着**爆发流行病的**(endémique)隐患,而太多的控制,往往就是灾难的**流行性爆发**(endémique)的火种。我们唯一能够确定的是:面对极为复杂的初始数据,各种结果都有可能逆反,我们不用妄想做到任何形式的理性干预。我们面对的进程,如此地超越参与者们的个人和共同意志,所以我们只能承认,任何善恶评判(在我们现在的讨论中,即我们赖以判定科技发展是否超越尺度的基准)都只有有限的价值,仅仅构成了我们的理性模型的模糊边线,让我们在这道边线的限制内形成伦理反思与实际决策。但在这道边线之外,我们开启的各种进程形成一个整体,它将不依赖我们自行展开,同时,一场自然的灾难难以避免。在这里,真正的主宰是**善与恶的互不可分**,因此我们无法做到抑此扬彼。这正是**受诅咒部分的定理**,而且我们无从质询这条定理的真假。

它**已然**如此，而我们如果不承认这一点，就是陷于最谬误的妄想。这条定理，并不妨碍人们在生活的伦理、生态、经济领域采取行动，但从象征性的层面，即命运的层面，让这些行动的效用彻底地相对化。

受诅咒部分的定理

Le Théorème de la Part Maudite

积极性的不间断生产会造成可怕的后果。这是因为,如果说消极性会生出危机和批判,那么过多的积极性则会生出灾难,因为它不足以稀释危机和批判、形成小剂量的顺势治疗。任何结构,在对自身各种消极因素进行围剿、驱逐、驱魔的时候都会面临风险,由于彻底的反冲而发生灾难。这就像任何生物体围剿和消灭了自身的各种细菌、病原体、寄生虫、天敌生物时,就有风险发生病灶转移和癌症。也就是说,这种风险来自某种积极性吞噬了自身细胞,或是被自身的抗体病毒般地吞噬,总之,这种结构终将毫无裨益。

任何事物,如果要除掉自身"受诅咒的部分",就将导致自身的死亡。这就是受诅咒的部分所赋予的定理。

受诅咒部分的能量和暴力,就是恶之原则的能量和暴力。在共识的透明之中,恶并不透明,它根深蒂固、纠缠不去、无以撼动,它的逆反能量到处发挥着作用,形成各种事物的失常、病毒的扩散、过程的加速、各种结果的爆发、各种起因被忽略、过剩与矛盾、根本的陌异性(étrangeté)、混沌运动的奇异吸引子、难以把握的事件连锁。

恶之原则,并非道德层面的原则,它的原则是制造失衡与眩迷、形成复杂和陌异、施展诱惑,致使不可相容、互相对抗、无以撼动。它的原则,并不是关于死亡,完全相反,它是有生的、制造断裂的原则。它始于天堂,而它的事件终结了天堂,它成了构成认识的原则。① 如果说,我们因为产生认知而有了过错、被逐出天堂,那么我们至少也从中得到了相应的好处。而我们如果试图去解救受诅咒的部分、解除恶之原则,就只能建成新的人造天堂,这种共识主宰下的人造天堂,才是真正地以死亡为原则。

我们分析各种当代的体系,是通过它们灾难性的形式,它们的失败、悖谬,也通过它们如何过于成功而对自身的运作喜极而迷失,我们作这些分析,就是要证明那受诅咒部分的定理和公式无处不在,就是要在各处确证它的象征力量无法摧毁。

转投恶的原则,就意味着对任何事物持有一种批判的甚至是犯罪性质的判断。这种判断在任何社会里,即使在自由的社会里(就像我们这所谓自由的社会),都不可能公开表达。任何价值系统都会拒绝从反人类的、恶之原则的立场所提出的主张(我所说的"恶之原则",只是在价值、法律、权力、现实等领域,简单指出某些显而易见的惨状)。在这方面,东方和西方、南半球和北半球没有任何区别。而且,这种不宽容的态度根本没有可能中止,它像一道玻璃屏障那样既晶莹又不透彻,在它面前,我们当代在道德和非道德上的进步没有带来任何改变。

这个世界充满了如此之多的积极情感、天真情怀、正统虚名、谄媚逢迎,因此,讽刺、嘲弄、恶的**主观**能量在其中总是处于劣势。照这样下去,任何心灵的运动只要稍带一点消极,很快就只能转入地下活动。最简单的风趣影射已经无人理解。不用多久,我们就不可能留有含蓄。我们将只剩反感和沮丧。

---

① 《圣经·旧约·创世纪》中,亚当和夏娃所食的禁果正是来自"知善恶树"。——译注

但幸运的是,恶的才能已经转入事物中,转入恶的**客观**能量。我们对它的推动者可以有不同称呼:受诅咒的部分或奇异吸引子、命运或初始数据所致的过多偏差。不论我们如何称呼它,各种无法估量的结果仍然会增长力量、指数级扩增、更加荒诞离奇。我们各种系统的离心性是不可避免的。正如黑格尔所说,我们完全就像"已死的事物,它的生命,就是在自己本身中自行运动"。如果超出了某些限制,因果之间就不再有联系,各种联系就变成从结果到结果的病毒性联系,而系统就完全在惯性之下自行运动。这种力量的增长,这种死者般的速度和漠然,其整个历程就是受诅咒部分的现代史。我们要做的,不是去阐释这历史,而是将它即时映照出来。我们必须超越各种事件的速度,即便各种事件本身早已超越了解放的速度。我们必须指出不一致、异常和灾难,我们必须指出诸多极端现象的活跃发生,它们以种族的灭绝为筹码,同步地服从某些神秘的规则。

"恶"是什么?它作为受诅咒的部分,就是以自身消耗得以再生的事物。从经济学的角度看,这是不合理的;就像从形而上学的观点看,善与恶不可分离也是不合理的。恶是冒犯了理性的暴力,而我们必须找出,是怎样的活力造成了这种暴力、这种不可预见的激化,以至于各种事物过于依赖其他终极条件而超出其目的。这些活力来自何处?

任何解放,对善与恶都有同等的影响。它放开了风习和精神,也放出了犯罪和灾难。解放了权利和享乐,就无可避免地解放了犯罪(萨德侯爵最了解这一点,而人们因此从不肯原谅他)。

苏联在20世纪90年代末开展经济改革(perestroïka),既提出了伦理和政治主张,也让破坏自然的事故和灾难卷土重来(包括对过去的罪行和事故的揭露)。自由主义改革和人权的扩张,滋生了一种自发的恐怖主义。有人称,这些现象之前就存在,只是受到了信息封锁。(有一种对斯大林政权的指责最为深刻:它用无数的血腥和封锁事件让我们彻底失望,让此类事件再没有可能发生,只能成为后来人的政治无意识。它冰封、冻结了各种嗜人的、血腥的形式,封禁了它们的恶行。它与纳粹分子的大屠杀相当,都是几近完美的罪行,**违背了信息的普遍法则**。)

然而,解除封锁的影响更大:各种违法犯罪和灾难记录争相搬上透明化改革(glasnost)的幕布,就像飞虫争相扑向人工光源(它们为何对自然光源就不这般急切?)。这些灾难性的剩余价值产生于一种狂热,一种对自然的真切狂热,它也产生于科技的某种自发倾向,因为科技只等政治条件成熟就恣意妄为。那些罪行和灾难,经过如此之久的冷藏,终于欣快而严正地登上舞台。假如它们不曾存在,人们甚至只能去创造出它们,因为人们终于可以将它们当作真正的标志,借以见证自由以及世界中自然的失序。

这善与恶的一体性让我们无以应对,让我们只能对它全面接受。在这条根本规则之外,我们无以谈论任何事物中的智性。想要区分两者、只取其一,这只是离奇的妄想(这也限制了那些持恶扬恶者,因为他们其实等于是行善)。

各种性质的事件都到来了,而我们并无预见。它们已经在某处发生,正向我们赶来。我们能做的只是备好一架探照灯,将观望的镜头对准这个虚拟的世界,希望所有这些事件中有一些甘愿被我们捕获。所谓理论，不过如此：它是一个陷阱，让人希望现实是那么天真，以至于它会自己跳到陷阱里让我们把握。

重要的是，我们要把这架探照灯打在正确方向。但我们并不知道应该对准哪个方向。我们只能扫视天空。大多数时候，那些事件离我们如此之远，形而上地如此远离我们，以至于只在监视屏上留下一点微弱的荧光。我们对它，必须像对摄影底片那样冲洗、扩大。这不是为了得出它们的意义，因为我们所见的并非语意符号，而是全息符号。它们无以释明，就像恒星的固定光谱或是光谱红移。

为截获这些奇异的事件，我们必须把理论本身改造为一种陌异的事物。我们必须让理论成为一桩完美的罪行，或是一个奇异吸引子。

根本的相异性

L'altérité radicale

美杜莎代表一种如此根本的相异性,以至于人们看到她就会因之而死。

同一者即地狱

L'Enfer du Même

身体的历史中,有过不少标志性的假体,而其中的替身无疑是最古老的一种。但替身恰恰并非假体:它是人们想象出的形象,它就像心灵、身影、镜中影像,如他者萦绕主体一般,让主体既是他自身又不像他自身,它萦绕着,就像隐伏着却总被驱走的死亡。然而,有时候死亡不会被驱走:替身在实体化、可见化时,就意味着死亡逼近了。

这就是说,替身所含的想象性的能力和资源,可以供主体去体会与自身的亲近和疏远,而这些的基础,就是替身的非物质性,是替身仅为幻想这一事实。每个人在一生中,都可以幻想,也肯定幻想过,将自身存在完美地复制或倍增,但这种想法只有幻想的力量,一旦由幻想过渡到现实就会破灭。诱惑性的场景(或"原初场景"①)与此同理,它的效力只在于它是幻想的、回溯的,而从不是真实的。而在我们的时代,我们似乎想要驱魔这个幻想,将它变作他人,也就是说让它有血有肉地物质化,彻底地翻转它的意义,改变替身的运作模式,在一场巧妙的交易中将死亡换给他者,换来永恒的同一者。

我们有了克隆生物、克隆技术。人类可以无限地扦插繁殖,

---

① 原初场景(la scène primitive),心理学术语,即弗洛伊德所说的儿童初次目睹父母性行为时的场景。——译注

一个人体内的每一个细胞都可以成为子宫体①,复制出完全一致的个体。在美国,生孩子简直可以像养天竺葵一样易如反掌。孩子诞生于单独个体的单独细胞,他相对于他的"父亲"、独有的亲本来说,是精确的复制品,是完美的孪生子。

人们幻想以永远的同胎繁殖取代有性生殖,而这种幻想通向死亡。人们幻想从细胞进行分裂繁殖,形成最纯粹的亲子形式,从而不经由他人,从同一者走向同一者。这种基于单细胞的乌托邦幻想,由遗传学引导,将让复杂生物重蹈原生生物的覆辙。

我们不禁怀疑,难道不正是一种死亡驱力,促使了有性生物退回性别诞生之前的繁殖形式(此外,这种细胞分裂形式,这种在纯粹的邻接性之中的繁殖和增殖,难道不正是位于我们想象力的最底层的死亡和死亡驱力?),同时也促使了人们在形而上学的角度否定任何相异性,否定同一者的任何变动,期望某一身份的永久存续,期望基因转录不发生任何突变而彻底透明?

这里先不谈死亡驱力。我们所面对的,是否属于对自我生育的幻想?并非如此,因为这种幻想总是联系到母亲或父亲的形象、有性别区分的父母形象,由此,主体便幻想将其消灭并取而代之,但绝不否定生殖的象征结构:幻想成为自己的孩子,这仍是幻想成为某个人的孩子。但是,克隆不仅彻底去除了母亲,同时去除的也是父亲、父母基因的交错、双方差异的混杂,尤其是作为**竞争**(duel)行为的生育。克隆母体并不会生育:它从自身的每个片段中萌芽。那些植物性的分权繁育,消解了任何俄狄浦斯式的性

---

① 子宫体(matrice),也有模具、矩阵之意。——译注

别情结,导致了一种"非人"性别、一种基于邻接性和直接繁增的性别,而我们看到,这种分权的根源,并不是自我生育的幻想。父亲和母亲消失了,但没有给主体带来随意而为的自由,反而形成了一种**叫作编码的子宫体**。人不再有母亲,不再有父亲,只有一个子宫体。从此,正是这个子宫体、这个基因编码的子宫体,将在某种可控模式下无限地"分娩"下去,消除了任何随机的性别因素。

我们也不再有主体,因为身份的复制消除了主体的区分。镜像阶段①终结于克隆技术,或者说,镜像阶段在其中以畸形的方式戏谑地存在着。出于同样的原因,克隆技术也彻底消除了一种长期以来的自恋幻想,让人不再把主体投射到自己的理想化身(alter ego),因为这种投射本来需要借助影像:镜中的影像,让主体自我异化再自我发现;或产生诱惑的、宿命的影像,让主体看自己在其中走向死亡。所有这些,都终结于克隆技术。人不再有媒体,不再有图像,只有一件工业产物,而它也只是镜像,映照出同系列产品中完全同样的下一件。一个人再也不成为让另一个人迷恋或沦陷的幻象,他们的关系只能是互相叠加,而他们之所以如此,是因为他们没有经过有性生育、不知何谓死亡。

我们所讨论的,也不是同胎生育,因为双子和双胞胎有一种独特的属性,有一种个别的、神圣的二元魅力,他们直接就是两者,从来不是一者。相比而言,克隆技术致力于对同一者的重复,

---

① 镜像阶段(stade du miroir),在心理学上指婴儿心理形成过程中对自己身体产生意识的阶段。——译注

它是 1 + 1 + 1 + 1，直至无穷。

克隆体不是孩子，不是双胞胎，也没有自恋的投射，它是通过基因手段得到的物质化替身。换句话说，它断绝了任何相异性、任何想象力。

一个片段生物，不需要想象性的中介去进行再生，就像蚯蚓一样：蚯蚓的每个片段都能直接再生为整段的蚯蚓，这就好比一个美国公司领导人可以用任一个细胞产生一个新的领导人。这也像是一副全息图像的任一部分都可以变成母体，重新产生完整的全息图像：其中的信息始终是整全的，存于全息图像的各处片段里，只不过分辨率可能较低。

正是因此，人终结了整体性。既然全部信息可以存于各个部分里，那么整体就失去了意义。这也终结了身体，终结了我们所谓身体的独特性，因为身体之奥妙，恰恰在于它不能被分解为细胞的叠加，在于它是一个不可分割的机制，而它的性征就是这种表现。于是就有一个矛盾，克隆技术注定要遵照模型无限地生产有性生物，同时它又让性成为一项无用的功能。然而，性恰恰不是一项功能，正是性令身体成为身体，它超越了身体的所有功能。正是性（或死亡），超越了某个身体所汇集的全部信息。而所有这些信息，都包含在基因编码里。因此，基因编码才开辟道路走向自行复制，摆脱了性和死亡。

很久以来，生物学、生理学、解剖学的研究通过分割各个器官和各项功能，已经开始了身体的分析性解体过程。而分子级的基因技术就是这一逻辑下的后续结果，不过它所涉及的层面要远为抽象和模拟化。它深入细胞核层面，干预关键细胞，它到达直接性的层面，干预基因编码，而正是这个结果，形成了这出荒诞剧。

以功能性和机械论的观点来看,每一个身体器官都是一个部分性的、有差别的假体:它已经是模拟,不过是一种"传统"型的模拟。而在控制论和信息论的视角下,是身体的每一个细胞,是那最小化的有差别元素,成了身体的"胚胎期"假体。每一个细胞内收录的基因公式,成了现代所有身体的真正假体。如果说通常的假体就是某种人造物,用来替代有缺陷的器官或工具性地拓展身体,那么,储存某身体全部相关信息的 DNA 分子就是最典型的假体,因为它可以让**身体靠自己而无限拓展**,而让它自身成为由其假体构成的无限序列。

信息工程学假体比任何机械假体都至为微妙和人工化。这是因为,基因编码并不是"自然"的:既然某个整体的任一抽象的、有能力的部分在成为人造假体时,就改变并取代了这个整体("假体"[prothèse]在词源上意味着"替代—装置"[pro-theis]),那么对基因编码,我们可以说,因为它封存了一个存在的全部"信息",从而成为这个存在整体的浓缩(这一点就是基因模拟化之中的极端的暴力),所以基因编码就是一种人工制品、一种抽象的母体。这就带来众多一致的存在,他们服从同样的指令,而他们的诞生,不再通过繁殖(reproduction),仅仅依靠**延续**(reconduction)。

当某个精子遇上某个卵子的时候,我的基因遗产便由此划定。这份遗产中包含了配方,指定了在我身上发生的所有生物化学反应,让它们保证了我的机能运作。这份配方的复本,写在这一刻构成我的数百亿细胞的每一个之中。它们每一个都知道如何制造我;每一个细胞在变成肝脏细胞或血液细胞之前,都是我的细胞。因此在理论上,基于其中一个细胞,人们就能制造出与我一致的个体。

——阿尔贝·雅卡尔①

因此,克隆技术就是身体建模的最终历史阶段,将身体缩编至它的抽象基因配方,让个体可以成为一个系列而递增。对此,我们可以回忆一下瓦尔特·本雅明的《机械复制时代的艺术作品》一书的内容。作品在系列化的复制中所失去的,是其"灵晕"(aura),这是它在其时其地本来独有的特质,是其审美形式。而在本雅明看来,作品无可回避地走向被复制的命运,从而进入某种**政治的**形式,在这其中所失去的就是原作,它只有在一种怀旧和回溯的历史中才能重建它的本真性。这种发展形势,其最先端、最现代的形式,正如当代的电影、摄影、大众媒体所呈现的,即原作从未存在,因为各种事物都直接可供无限复制。

克隆技术给我们带来的变化,不仅涉及各种信息,也涉及每个个体。当身体本身只被看作信息或信息的实体时,身体就面临着同样的改变。本雅明对工业产品和传媒图像所作的分析,完全可以沿用于身体的系列化繁殖。生育(production)向繁殖(repro-

---

① 阿尔贝·雅卡尔(Albert Jacquard, 1925—2013),法国生物学家、作家。——译注

duction)发生偏离,各种可能的身体向基因模型发生偏离。而导致这种颠倒现象的,就是科技的泛滥。本雅明已经描写过这种技术所致的终极后果——全面化的媒介,它在工业时代,作为宏大的假体,促生那些彼此一致、毫无区别的**客体**和**图像**。但本雅明没有写到的是,这种科技在当代更加先进,将要促生那些彼此一致的**多个存在**,并且永远不能回归某个原初的存在。工业时代的假体仍是外部的、**外向型技术的**(exotechnique),然而我们现在所知的这些假体产生了分支和内化:它们是**内向型技术的**(ésotechnique)。我们这个时代属于各种缓和的科技、基因与精神的程序控制。

在过去工业时代的鼎盛期,各种假体由于是机械性的,就会不断地回归身体,改造身体的形象,反过来,这些假体本身也经由想象力而发生更迭,而这种技术更迭仍是身体形象的一个部分。但是,当我们在模拟过程中超出了临界点(最终界限),在这时,假体已经深化、内化、透入身体的没有特征的微分子层面的核心之中,它将自己作为身体的"原初"模型,切断所有后生的象征性回路,那么,任何身体就只可能是假体的恒久复制,这就意味着身体的终结、身体历史的终结、身体突变的终结。而个体就只是它的基础配方的癌式扩散。从某一个体克隆出的所有个体,岂不像我们在癌症中所见的单个细胞的癌式增殖和扩散?其实,基因编码的关键概念与癌症的病理学之间有着紧密的关联。癌症就是指一个基础细胞无视整体有机机制的各种法则而无限增殖。同样,克隆技术就是让同一者的接续无可阻拦,让一个母体无限增殖。在过去,有性生殖曾经对此形成阻碍,而现在,人们终于能分离出身份的基因母体,人们也将能够一并消除那构成了众多个体随机魅力的变异差别。

如果人们将所有的细胞看作同一套基因配方的容器,那么,那一致的所有个体,甚至同一个体的所有细胞,不就是这套基本配方的癌式增生？这种扩散,始于工业产品,终于细胞构成。我们其实不用质问,癌症是不是资本主义的时代之病。其实,这种疾病主宰着当代病理学的整体,因为它代表了编码中的病毒性的形式本身：同样信号的急剧增生、同样细胞的急剧增生。

身体所处的场景,随着科技的不可逆转的"进步"(progression)而变化。传统的假体是用来修复某个器官缺陷,并不改变身体的一般模式。而各种器官移植也不外乎于此。那么精神药物和毒品的精神塑造又是什么情况？这就是**身体的场景**(*la scène du corps*)发生了改变。精神药物作用下的身体,是"从内部"被塑造的身体,从而脱离了表征、镜像、话语构成的观测空间。它是沉默的、心理的身体,是已经分子化的(而不再是镜像式的)身体。这个身体是直接产生代谢变化的,不需要行为或是观看作为中介；这个身体是内在的,不存在相异性,不进入境况中,不发生超越；这个身体陷入了大脑活动、内分泌、身体感官的内在代谢机制,但并不敏感,因为它接触的只是自身内部的那些端点,而不与各种感知客体发生连接(人们把它关在一个四面白墙的感知环境中,但其实无须如此,人们只用让它脱离自身的各个感知末端,不用关心它所处的环境)；这个身体已经是同质化的,有了高度的感知可塑性、心理顺应性、全方位精神药性,已经近于受到了原子和基因层面的控制,这就是说,它几近完全失去身体的形象,失去了可能的表征,无以呈现给他人或自己；这个身体被去除了核心的存在和感知,按照一套基因配方和生物化学变化接受重新塑造;这个身体彻底地远离了复生。

我们已经告别乱伦行为,但我们将它在各种衍生形式中普遍化了。我们的乱伦的不同之处就是,它不再发生在性行为和家族中,其性质成了分裂生殖和原生动物式的。我们就是这样违背了禁令:通过同一者的分化、同一者与同一者的交媾,不再经由他者。这仍是乱伦,但不会造成悲剧。然而,我们这样将那危险的幻想以最平常的形式实现,我们也就实现了那道诅咒、那原始的反感以及嫌恶,并让它们深入我们的社会,随着这种乱伦态势而不断增长。也许他者的地狱也要好过重返这种不可能发生交流的原始形式。

个体既然不再面对他者,就要面对自身。他就变成针对自身的抗体,将免疫防御过程转而变为攻击性,损坏自身编码,消灭自身的各种防卫。更有甚者,我们整个社会也力求中和相异性,消除作为自然参照物的他者,因为人们处于传播的无菌化泛滥中、互动的泛滥中、交流和接触的幻觉体验中。由于传播的作用,这个社会变得对自己过敏。而身体,由于自身作为基因的、生物的、控制论的存在的透明性,就变得甚至对自身的影子也发生过敏。相异性遭到否定,其幽灵便复生为导向自我毁灭的进程。这些也属于恶的透明性。

异化不复存在:我们再也没有作为凝视对象的他者、作为镜像的他者、不透明的他者。今后,正是他者的透明性,才会构成绝对的威胁。我们不再有他者作为镜像、作为回映的镜面,而在这种影响下,自我意识将向真空中发散。

反异化的乌托邦也不复存在。在世界综合化的框架内,主体不能达到如此的自我否定。我们要面对的,不再是主体受到确实的否定,而只是主体位置和他者位置难以确定。在这种不确定性之中,主体不再是两者之一,而仅是同一者。面对倍增,分化无以成立。再者,如果说他者之中总是隐藏着另一个他者,那么同一者之中永远只隐藏着自己。这就是我们今天的克隆理想境界:从主体中除去他者,除去分化,让他完全进入自身的扩散,陷入纯粹的重复。

这不再是他人的地狱,而是同一者的地狱。

> 有两兄弟住在一个城堡里,每人都有一个女儿,而两个孩子年龄相同。他们把女儿送到寄宿学校,直到她们年满十八岁。她们出落得非常漂亮。兄弟俩把女儿叫回城堡。就在她们回途的马车上,姐妹俩有一个患急病去世了。与此同时,在城堡等着女儿回家的这个父亲也去世了。两姐妹只有一个活着回到家,而她的父亲脱掉了她的衣服,违背天理而将她占有。就在这时,两人飘了起来,浮在卧室里,又飞出窗口,飞过了村庄,保持乱伦时的互拥而僵化不动。这反常的交媾场面,没有翅膀地飞过人们眼前,让所有那些生活在安宁乡间的人们深受影响,留下了长久的负面波动。不安、惊慌失措和难以名状的恐惧四处散播,造成堕落,让人们做出违背

常理的各种活动,让动物生病和频频发起攻击,让植物充满焦虑。所有关系都受到扰乱。

——圭多·切罗内蒂①

---

① 圭多·切罗内蒂(Guido Ceronetti, 1927—2018),意大利作家、思想家。——译注

差异中的滥情剧

Le Mélodrame de la Différence

那么相异性去了哪里？

我们陷入一场狂欢，不停地去发现、探索并"创造"他者。这是各种差异的狂欢。我们面对的，是拉拢双方的、界面式的、交互式的淫媒。在异化之镜（这个镜像阶段为我们的童年提供快乐）其外，结构性的差异无限增殖，扩散在时尚、各种风俗、文化当中。那种原生的、持续的相异性，源于种族、疯狂、悲惨、死亡的相异性，已经不复存在。相异性与其他事物一道，受制于市场法则和供求关系。它已经变成了一件稀有货物，因此，它在各种心理学价值和结构性价值的股市上一直牌价高企。同是因此，我们发现一种对他者的高强度的模拟，尤其表现在科幻小说中，其核心问题总是"谁是他者？他者在哪？"而科幻小说不过是我们日常世界的反映，其中所充斥的，是肆意的投机和一个买卖相异性与差异的黑市。从印第安人自留地直到家养宠物（相异性的真正零点！），无不引起生态学上的担忧，而这种生态担忧，甚至波及另一层面的他者，即无意识（这是我们最后的象征资本，而它需要善加利用，因为其储量已经有限，这个矿层不会永恒存在）。相异性的各个矿层都被耗尽了，我们耗光了作为原材料的他者（如克劳德·吉尔伯特[①]所说，我们甚至像是趁地震和灾害时去瓦砾中回收这种原材料）。

随之，他者不再是遭到灭绝、憎恨、排斥、诱惑的对象了，它自

[①] 克劳德·吉尔伯特（Claude Gilbert），法国当代环境学家。——译注

然而然地受到了人们的理解、解放、爱护、承认。继人权运动之后,我们就要来普及他者的权利了。而且,它已经实现了:它就是拥有差异的普遍权利。这是我们根据对他者的政治和心理学上的理解所发起的狂欢,是在他者不复存在之时令他者复活。他者曾经所在之处,已经划归同一者。

我们在已经一无所有的地方,迎来了他者。我们再也没有什么剧情发生,只是陷入关于相异性的心理表演中,也同样陷入关于社会性、关于性的心理表演,陷入身体的心理表演,陷入所有这些的滥情剧,由此发出各种分析性的玄虚话语。相异性发展出了心理表演、社会表演、符号表演、滥情表演的特点。

在这场心理表演中,我们展开心理表演式的联系、推测、互动,对这些进行杂耍般的模拟,使他者的缺席变得戏剧化。不仅相异性在这种人造的戏剧中到处缺席,连主体也变得漠视自身的主体性、漠视自身的异化,就像现代政治动物变得不再关心自身的政治主张。这样的主体变得透明,如幽灵一般(借用马克·纪尧姆[1]的说法),甚至因此而产生交互。因为在互动中,主体不是任何人的他者。主体越是对自身漠不关心,就越能脱离自身的分身、影子、他者而充当实体。这样一来,他就可以被用于任何可能的组合,产生各种联系。

因此,这种交互性的存在并非诞生于某种新的交流形式,而是诞生于社会与相异性的消失。这个存在,是他者(l'Autre)逝后补位的他人(l'autre),而且已经面目全非。正是这种他人,导致他者遭受否定。

---

[1] 马克·纪尧姆(Marc Guillaume, 1940—),法国经济学家。——译注

其实，我们的互动也仅仅是媒体中的互动、隐形机械的互动。那些机械化的自动装置仍要利用人与机器的差异，并且利用这种差异的吸引力。而我们的各种产生互动的自动装置、进行模拟的自动装置，则不再考虑这种差异。在其中，人和机器都是同构的、漠然的，两者都不再是彼此的他者。

计算机没有他者。正因此它没有智力。因为对于我们来说，智力总是来自他者。也正因此，计算机如此强力。那些心算冠军和智障天才往往是自闭的，对于他们的心灵而言，他者是不存在的，因此他们得到了奇特的能力。这种能力，就是集成电路的能力（也可参考心灵感应）。这是抽象的力量。机器运转得更快，就是因为去除了一切相异性。而网络将它们彼此连接起来，就像用无限长的脐带连起孪生子般的一个又一个智力。但在这由同一者到同一者构成的内稳态之中，相异性已被机器消除了。

如果我们把心理表演式的上层建筑一举清理掉，那还会有相异性吗？

我们能不能在他者的形而上学之外，找到一种他者的物理学？我们能不能在相异性的辩证法形式之外，找到相异性的二元形式？我们能否在作为心理学身份和一厢情愿的社会身份的他者之外，找到一种作为命运的他者？

如今，人们以差异来看待所有事物，但差异并非相异性。我们甚至可以说，是差异消灭了相异性。当人们将语言用于一个基于各种差异的系统，当人们把意义简化为一种只表区分的效果，这时，人们就消灭了语言根本的相异性，就终结了语言核心中的对立,即语言与意义、语言与言说者之间的对立,人们就略去了语言中不能简化为媒介、表达和意义的部分,而正是这个部分,让语言在根本上不同于主体(语言是主体的他者?)。正是因此,我们才可能进行语言的游戏,受到语言的物质性、偶然性的诱惑,构成至关重要的象征意义。我们所做的不仅是基于差异的简单游戏,而这种游戏只能充当结构式分析的对象。

然而,我们说女人是男人的他者、疯人是常人的他者、野蛮人是文明人的他者,这意味着什么?我们这样问到最后,不就只是问谁是谁的他者吗?主人是奴隶的他者吗?就阶级和权力关系而言当然是的。但这种对立太过简化,现实情况要远为复杂。我们对各种存在和事物的指涉,并非基于结构性的差异。象征秩序所指涉的是对立的复杂形式,其基础并不是区分自我与他者。贱民阶层并不是婆罗门种姓的他者,我们只能说,**他们就其命运而言是他者**。这两个种姓在同一个价值层级的内部并无分别,他们一并组成了一种恒定的秩序、一种周而复始的循环,正如日夜交替一样。我们难道能说夜晚是白天的他者?那么,我们又怎能说男性是女性的他者?这两者的性质,当然就如同日与夜,两性在持续的互相吸引中,就如同两个周而复始的时刻那样彼此相继交替。因此,一种性别从来就不是另一种性别的他者,只有某种基于性别差异的理论才那样认为,但这种理论实际上不过是乌托邦式的幻想。**因为差异就是一种乌托邦**,它幻想区分开各种词汇,随后将它们重新合并(善与恶的区分也是如此,人们幻想可以分开两者,更异想天开地追求调和两者)。在这种基于区分的视角下,也就是在我们这种文化的视角下,人们就可以在性别方面提到他者。而真正的性别特质是有"异域性"(如谢阁兰所说的

"exotique")的：它基于两性根本的不可调和。如果不是这样,也就没有了诱惑,只有两者的彼此异化。

各种差异,就是规制之下的交易。但有什么能让交易摆脱规制?有什么无法从中协商?有什么不能加入合同,加入各种差异的结构式游戏?

有什么事物,提出不可能的交易?

在任何交易失去可能的地方,人们都感到恐慌。任何根本的相异性,都是某种恐慌的震源地。甚至它的存在本身,都给常态的世界带来恐慌。而世界也以恐慌回应它,要将它消灭。

几个世纪以来,所有暴力性的相异性形式,不论是否出于人愿,都被收编入差异话语中,而这种话语,同时造成了融入和排外、认可和歧视。童年、疯狂、死亡、各种蛮夷部族社会,所有这些都经过整合、安置、吸收,加入了无处不在的一片和谐中。关于疯狂,它一旦解除了隔离状态,就陷入更加微妙的心理学陷阱中。关于逝者,他们一旦作为死者的身份受到认定,就被关进公墓里,远远隔开,直到他们的面貌彻底模糊。关于印第安人,他们的生存权利受到了保障,但这不过是为了把他们关押在保留地。所有这些,就是差异逻辑下的各种转折。

如果他者永远是他者,异族永远是异族,那就不会有什么种族歧视。种族歧视得以发源,就是因为他者变成了有差异者,也就是说变成了近处的威胁。正是在这种情况下,人们才会萌生意愿,想与异族保持距离。

谢阁兰写道:"人们应该相信,各种根本的差异如果不经修剪和缝补,就不会拼成一面真正的布;而正在增加的融合、各种隔离的解除、各种空间的短接,这些都会产生某些反作用,其形式就是各种新生的隔膜、未有的间隙。"

种族主义就属于这种"新生的隔膜",它是一种宣泄,源自人们在差异中的心理表演、人们对变成他者的幻想和困扰。种族主义这场心理表演永远是关于对他人的容纳和排斥。种族主义,就是不惜一切代价将各种差异具体化,从而对他者施展驱魔,毕竟,要人们容纳各种差异是勉为其难的。种族主义在人种生物学方面的主张毫无依据,不过,它对种族比较加以客观化,这一点揭示了位于所有结构化体系核心的某种合乎逻辑的欲求:对差异的恋物化(fétichisation)。但是,各种基于差异的体系从来不可能达至平衡,其中的差异将在绝对高点和绝对低点之间往复摆动。人们如果追求良好管控各种相异性、各种差异,就是在幻想。

差异性的逻辑,从某种程度上讲就是一场无处不及的仿真(其定点就是那荒谬的"差异权"[droit à la différence]要求),这场缓和的仿真联通于另一种基于差异的绝望幻想,即种族主义。而正当差异和对差异的迷恋不断增长时,有一种特异的暴力增长得更快,它脱离了批判理性,这就是谢阁兰所说的各种"未有的间隙"。它所指的不是各种新的差异,因为那些差异不过是为了促使世界全面同质化。它所指的是异形(Alien),这是那尸体般的、病毒性的他者的怪异喻体,是我们的系统所扼杀的所有相异性的综合体。

这样的种族主义,得不到人种生物学的支撑,只能依靠符号体系里愈加细枝末节的差异,而这种符号体系的作用变得病毒化、自动化,通过一种普遍的符号学所带来的乐趣延续自身;这样的种族主义,不是任何基于差异的人道主义可以对抗的,因为它本身就是差异所生的病毒。

我们仅靠内化他者、吸纳差异之类的说教,并不能解决相异性的各种怪异形式所带来的问题,因为这些形式的源头,正是这偏执的差异化倾向、偏执的自我与他者的辩证法。人们对相异性的各种"辩证"思想,其弱点正在于它们追求良性地运用差异。而种族主义,以它病毒化、内在化、现时性、确定性的形式所揭示的,恰是差异根本不可能良性地加以利用。

正是因此,我们可以说,**对种族主义的批判基本上已经结束**,就像马克思曾说对宗教的批判基本上已经结束。一旦宗教的形而上学假设被证明是空洞的,宗教就注定会在更先进的生产方式的各种状况下走向消失。一旦人种生物学的假设被证明是空洞的,种族主义也将注定在差异普遍化、繁杂化的各种状况下走向消失。只不过,例如在宗教方面,马克思未能预见的是,它的形式不再是形而上学和超验的,它变得内在化,分裂成无数的意识形态层面和实践层面的变种,而这种宗教**复兴**恰恰滋生于本该将它抹除的进程。这种迹象,今天遍布在我们周围。而种族主义也是这样,也已经内在化、病毒化、日常化。人们对种族主义所作的"科学的"、理性的批判,终究是种形式主义的批判,它在推翻其论证的同时并没有走出其陷阱,因为这种批判针对的只是人种生物学上的谬论,并没有把人种生物学本身看作谬论。同样,人们对种族主义所作的政治和意识形态批判也是形式主义的批判,因为它针对的是种族主义对差异的偏执,并没有把差异本身看作谬论。这种批判已经陷于谬误,无法产生任何效力,而到最后,种族主义似乎轻松地战胜了所受的理性批判,就像宗教也战胜了所受的唯物主义批判。正是因此,我们说所有这些批判基本上已经结束。

136　　我们无法良性地运用差异。为我们揭示了这一点的,不仅是种族主义,还有各种反种族主义、人道主义在宣扬差异、保护差异上的各种努力。我们随处可见以人道主义、差异为名的泛基督教主义(œcuménisme)式的运动,但它们都走进了死胡同,而普世(universel)这一概念也难逃这种结局。最近在法国,北非女学生的头巾事件①就是例证,它所引起的各种理性论点都难掩伪善,而这之后的事实不过是,任何基于差异的伦理和政治都无法提供解决方案。这是因为,差异本身就是一套可正可反的谬论。我们把差异带到了地球各处,现在它回头来找我们,它换上了难以辨认的、伊斯兰的、原教旨的、种族主义的面目,它成了不可解决的、非理性的相异性,这真是一出好戏。

　　就此看来,我们的内疚真是太充足了。例如在无国界医生事件中,人们发现阿富汗人没有把受赠的药物送给患者,而是秘密转卖。捐赠项目主管者的良心受到了艰难考验。我们应该停止支援,还是出于对"文化差异"的尊重,听任这不道德的奇特行径?反复思量之后,他们为了保护差异而放弃西方价值,继续为药物黑市提供供应。这就是不得已而为之的人道主义。

　　人道主义的困窘还有一个有趣的例证。巴黎综合理工学院的学者被派往苏丹,研究"苏丹民众的传播需求"。苏丹人难道不懂互相传播信息?当然不是,事实上,他们的难处是吃不饱,需要受指导种植高粱。但我们派遣农业专家成本太高,所以决定采用

---

　　① 1989年,法国克雷伊某中学责令两名拒绝摘下头巾的穆斯林学生停学,引起舆论波动。——译注

录像教学。苏丹人民于是步入了传播时代:录像里,有高粱。不架电线,就没饭吃。我们向他们的城市和乡下投放了录像机。可惜当地黑势力控制了这套系统,换下教学录影带,形成一个获利颇丰的色情录影带市场。那里的人们在高粱丰收之前先有了别的收获。色情、高粱、录影带,融为一桩事业。这个故事,又可以加入传播学那精彩的教科书。

我们如此"理解"他人,却陷入荒谬情境,而这种理解实则暗含歧视:所谓"我们尊重你们的差异",其言下之意不过是:"你们出身发展中地区,这就是你们的代号,千万不要将它抛弃"(民俗的、贫困的各种符号尤其能构成差异)。这种心态充满了歧视,也值得唾弃。这种形式其实是最根本的缺乏理解。它所揭示的,不是谢阁兰所谓"永远的无理解"(incompréhensibilité éternelle),而是永远的愚蠢,这种愚蠢高傲地延续着自身,靠他人的差异为自己补给。

而那些其他的文化,却从来不声张普世性或差异(至少是在我们发起某种文化鸦片战争把这套做法灌输出去之前)。他们在生活中,有自身的独特性、例外性,有各种他们必备的仪式和价值。他们并不会妄图调解一切并以此宽慰自己,并没有将自身导向毁灭的那种痴心妄想。

谁主使着关于相异性和差异的各种普遍符号,谁就掌控着世界。谁思考着差异,谁就在人类学意义上高于他人(这理所当然,毕竟发明人类学的也是这些人)。他们享有所有的权利,毕竟他们就是权利的发明者。而那些并未对差异有所思考、处于差异游戏之外的人,就必须被消灭。这些人,就是西班牙人登陆后遇见的美洲土著。他们对何谓差异一无所知,处于根本的相异性之中

(他们并没有觉得西班牙人有什么不同,只不过对他们视若神明)。正是因此,西班牙人要将其残忍消灭,因为他们在宗教和经济方面都无法自立,他们有的只是一桩绝对的罪恶:他们对差异没有理解。他们与其依从普世概念,与其被迫过渡到一种不彻底的、有妥协的相异性,宁可集体自我牺牲。因此他们才听任杀戮,配合西班牙人失去理智的种族灭绝。印第安人奇诡地胁从了对本族的灭绝,他们只有这样才能严守相异性的核心机密。①

科尔特斯②、耶稣教徒、传教士、后来的人类学家(以及《征服美洲》[Conquête de l'Amérique] 一书的作者茨维坦·托多洛夫本人),他们都认同需要让相异性作出妥协(例外者只有德拉斯·卡萨斯③,他在晚年仍在主张单纯地放弃征服,将印第安人的命运交还到他们自己手中)。这些人都相信,自己的想法是开明的,应该良性地运用差异。对于他们,根本性的他者既无法除尽,也不可接纳,所以要提倡有妥协的他者、基于差异的他者。他们由此创始了一种形式更微妙的种族灭绝,其中夹杂着现代性的各种人道主义美德。

种族灭绝还有一个版本:印第安人应该被灭绝,但不是因为他们并非基督徒,而是因为他们比基督徒还要基督徒。我们之所以无法接受他们的残忍和人牲,并不是出于怜悯和道德,而是因

---

① 须注意的是,著者在此并没有为殖民屠杀者开脱,是从反面讽刺殖民者不容许相异性。——译注

② 埃尔南·科尔特斯(Hernán Cortez,1485—1547),知名西班牙征服者。——译注

③ 巴托洛梅·德拉斯·卡萨斯(Bartolomé de las Casas,约1484—1566),西班牙传教士,因极力维护印第安土著的人权而知名。——译注

为那种残忍证实了他们神明的意旨、他们信仰的力量。印第安人强大的信仰力量令西班牙人羞于自己信仰的浅薄,也令西方文化假借信仰伪装而信奉金钱和商业的实质显得可笑。这些信仰坚定的印第安人令西方理性蒙羞,亵渎了后者特有的价值观。他们的狂信让后者难以承受,是在后者的眼皮底下贬低和除魅其文化(今天的伊斯兰世界有同样的角色)。这项罪名无可偿赎,只能被判处种族灭绝。

我们不能确定,是否所有人都有他者。野蛮人或原始人有他者吗?某些关系完全是不对称的:某一者也许对于特定对象而言是他者,但后者对于前者而言却不一定是他者。我可能是某人的他者,而某人并不是我的他者。

火地群岛上的阿拉卡卢夫族(les Alakaloufs)直到灭绝之前,都没有试着去理解白人、跟他们交流或协商。阿族自称为"人",不认为有除己之外的人。在他们眼中,白人并没有不同,最多是语言不通。他们并不感叹白人的富有和惊人技术。在长达三个世纪的接触中,阿族没有引进任何西方技术,照旧乘坐独木舟。白人残杀了他们,就像他们从没存在过。他们尽管被杀,却对相异性毫无让步。他们不可能被同化,甚至不可能过渡到差异阶段。他们尽管被杀,却没有让白人引以为荣地承认他们的差异。他们是不可动摇的。相反,在白人看来,他们就是"他者",是不同的存在,但因为还是人类,所以就要接受传教、利用和消灭。

阿族在有主权时,曾自称为"人"。随后白人给了他们一个称呼,就是他们对白人的称呼:"外人"。所以他们开始用自己的语言自称"外人"。最后,在他们即将灭绝时,他们被叫作"阿拉卡卢夫",这是他们面对白人仅能说的词,意为"给我、给我",他们的名字成了行乞的代号。他们先是自己,又成了自己的外人,最后连自己都不存在,这段名字的三部曲就是种族灭绝的写照。诚然,行使残杀的那些罪犯,推行普世观念,根据自身利益处理相异性,而独特的阿族人甚至不知何谓他者,当然注定胜不过他们。然而我们也许忽略了,这种独特性遭到灭绝,在长期内对于白人也是致命的:根本陌异性的报复被殖民人道主义驱魔处理,其毒性重新渗入白人的血液,将他们带往同一种灭绝。

一切都属于系统,同时又脱离系统。很多人在世界其他地方过着西式生活,却从来不属于这个系统,并且私下蔑视它。他们对此价值系统来说处于离心状态。他们的集议方式,他们经常比西方人本身更狂热地坚持西方准则的样子,简直看似滑稽的闹剧,他们穷于捡拾启蒙思想和"进步"的残渣。他们甚至在跟西方人协商或让步的时候,仍然相信他们自身的方式从根本上说是正确的。也许,他们会像阿族人那样,由于不够尊重白人而终于灭绝(同时我们又对他们那么尊重——且不论目的是同化还是消灭他们——以至于,他们相对我们的价值系统成了关键的、否定性的参照)。

或许有一天,白人也会消失,同时他们还没有弄明白,他们的白肤色中其实有着各人种与各文化的混杂,就像白光中包含了整套光谱。而且,正如各颜色只有放在一套波长衡量尺度下才有互相比较的可能,各文化也只有放在一套基于差异的结构性层级中才能互相比较。但这里有种双重标准,因为西方文化将其他文化看作不同的,而其他文化看待白人并不觉得不同,他们觉得白人并不存在,只是另外世界的幽灵。他们即使转向西方方式,也在内心蔑视着西方霸权,这就像西非的多贡族(les Dogons)为了迎合那些精神分析师而向他们讲述假梦。我们曾经轻视其他文化,现在却来尊重他们。然而他们对我们的文化并没有尊重,只有深刻的迁就。如果说我们赢得了权力去利用和压制他们,那他们就乐于给我们制造迷惘。

布鲁斯·查特文笔下的澳洲原住民(见其著作《歌之版图——民歌寻迹》[Bruce Chatwin, Songlines, Le chant des pistes])让人最觉诧异的是,我们最后仍然难以解读那些踪迹、诗歌和音乐流传路线、歌曲以及土著人所谓"梦幻时代"等等的事实真相。所有那些记叙都隐含着一种神秘化操控和对神话传说的妄想。这就像那些原住民给我们一并兜售了最深刻与真实的内容(那最为神秘的南半球神话)、最现代与虚妄的内容:所有叙述都让人无法断定,其源头也令人彻底怀疑。他们为了让我们相信那些不可思议的事,就要让我们觉得他们自己是相信的。不过这些土著似乎享受这种恶作剧,他们对我们隐讳和回避,给出一些线索,却从不讲明这场游戏的规则,让我们感觉到他们是迎合我们的幻想而即兴演绎,并不去证明他们所讲的是否真实。他们就是这样保护他们的秘密并取笑我们,因为只有我们才乐于相信这些传说。

原住民的秘密,并不是他们对我们隐瞒的事,它就在叙事线索中,存在于难以解读的叙述表层。这种表面化的神话形式充满了讽刺。他们用这样的操纵证明,他们远比我们高等,而我们才是原始人。白人还没有走出遭受迷惑的阶段。

我们从超出自身文化的时刻起,就让白人价值观的模拟过程普遍蔓延了出去。我们尽管不是阿族人、澳洲土著人、多贡人、阿拉伯人,但不也在自己内心深处嘲弄我们的价值观吗?我们不也像他们一样,尽管不认可我们的武力炫耀、层出不穷的科技和意识形态,但又表现出迎合与放任吗?或许很久之后,我们终将亲手埋葬基于差异的普世价值观下的乌托邦设想,而其他文化都已给我们作了回应,即它们普遍的视若无睹。

我们应该关心的问题,不是给澳洲原住民重划领地,抑或将他们引入和谐的人权交响曲,因为他们的报复在于别处:他们有能力扰乱西方帝国。他们如幽灵、病毒、鬼怪一般地存在于我们大脑的神经突触上,存在于我们宇宙飞船的系统内,就像是异形。白人正是以这种方式感染了原始的病毒,源自印第安人、澳洲先祖、南美部落的病毒。那些残杀的往事,通过无可逃避的注射、通过蔓延渗透,进入了我们的血液。殖民所导致的报复,并不是现在我们不得不将领地、特权、自治权归还印第安人与澳洲原住民,因为那仍意味着我们的胜利。这种报复,在于白人在迷惘中陷入自身文化的乱局,陷入祖先遗留的困境,并不知不觉地轻信他们口述的"梦幻时代"。这是世界性的逆转现象。我们曾相信,一切将随着无以抵挡的普遍进步历程得以变革,但现在我们认识到,那一切都没有成为过去,一切又涌现出来,而且它们不是因其原始和古旧令我们不知所措(尽管我们在博物馆化[muséification]的事业上煞费苦心),它们带着完全现代化的烈度和毒性,侵入我们各种超复杂又脆弱的系统,轻而易举地将其粉碎。这种命运,来自根本的相异性,而我们不可能凭借追求和解的道义或基于差异的歉疚将其解决。

破裂的关系

L'Irréconciliation

交际与和解的原则之反面,是隔绝与破裂的原则。在前后两者之中,胜利者总是破裂的原则,因为它从定义上讲永远可以让前者失败。

善与恶之间也是如此。善之中包含一套善与恶的辩证法,而恶则是对这套辩证法的否定,它将善与恶彻底拆分,其结果就是恶之原则的自立。善预先假定了恶的辩证合作,而恶则单独基于自身,完全与善不相调和。因此恶才是游戏的主人,而胜利者总是恶之原则以及它永远的敌意。

在不同人群、性别、文化中所存在的根本的相异性,它的反抗也如同恶,其逻辑也是彻底的缺乏理解,它的立场同样在陌异性一方。那么我们能否站在陌异者那边?回答是不可能,因为有一条关于距离的定理——人们的身体和心灵互相远离,对此我们可以依据天体运动作出假说。这种永恒叛离的假说受到不可解除的诅咒,它源于恶的透明性,与那基于传播的普遍化乌托邦正好相反。这种假说与事实之间明显是矛盾的,但这种矛盾只是表面上的,因为某些事物越是走向普遍的理解与同质化,那永恒的无可撼动性(irréductibilité)就越加发挥作用,我们对其就越加无法分析,而只能猜测其无可撼动的存在。

这种存在是事实,是原始的、难以抑制的、超感觉的、超自然的,它就像某种宿命的模态,源于那基于差异的辩证思想的根本缺陷。这就像某种万有斥力,对抗着规范的万有引力。

这种破裂之力，在每种文化里都有表现，且尤其影响着现今第三世界与西方、日本与西方、欧洲与美国的关系，它甚至也作用于单一文化内部，或其代表性的各个独特成分内。摩洛哥、日本或是伊斯兰国家**永远不会**西化。欧洲也永远无以填补它与美国之间的现代性的鸿沟。那种世界主义的展望不过是妄想，而且这种妄想在各处破灭。

我们对陌异性无以解决。它永远存在，植于根本。而且并不是我们刻意形成了它，它本就存在。

这就是根本的异域性（Exotisme radical），是世界的统治规则。但这不是**法律**。因为所谓法律，仅是基于理解的普遍原则，是基于各种差异的规范化游戏，是道德、政治和经济上的合理性。它是一套**规则**，因此与所有规则一样，暗含了一种任意的**先天宿命**。以各门语言为例，它们彼此之间都不可化约。各门语言都有其宿命，有其自身的规则、任意性、不变的逻辑。每一种语言都遵守传播和交换的法则，而各自又同时遵守一种坚不可摧的内在一致性。它们作为语言，彼此之间永远是不可互译的。正因此，它们都是"美妙的"，因为它们是互为陌异的。

法律并非不可或缺，它仅是一个概念，建立于某种共识之上。与之相比，规则却是不可或缺的，因为它不是什么概念，而是一种形式，它主导着游戏。诱惑便正是如此。如果说情欲关系到爱情，是催生吸引、融合、交际的力量，那么诱惑的作用则更为激烈，它产生破裂、精神涣散、妄想、侵犯，造成本质和意义、身份和主体的歪曲。并且,与我们普遍的认知相反,熵①不属于造成破裂的一方,而属于产生关联与融合、爱与理解、对差异良性利用的一方。而诱惑、异域性,它们是他者和相异性的过剩,是比差异更激化的差异所造成的眩迷,它们才是无以撼动的,是能量真正的来源。

在这个早已听命于他者的世界里,一切都来自别处,不论是吉凶诸端的事件、各种疾患,还是各种思想本身。我们所受的要求,都来自非人的事物,来自上帝、野兽、心灵、魔力。而这种世界是宿命性的(fatal),与心理学所理解的世界截然相对。如克里斯蒂娃所说,我们通过内化他者而与自身疏远,并且这种自我疏离的形式之一是无意识,那么在这个宿命性的世界里,无意识则是不存在的。我们并没有精神分析学说中的无意识的普遍形式,我们在无意识的压抑之外的选择,只有宿命,即在一个完全非人的、脱离人的时刻谴责任何事物,以此得到解脱。

在这个宿命性的世界里,关于他者的问题,就是关于接纳的问题。

这个问题有着二元的、仪式化的、戏剧化的层面。谁去接纳?怎样接纳?什么是接纳的规则?毕竟我们的存在中所涉及的事不外乎被接纳、去接纳(而不是被认可和去认可)。而这个象征性层面正是传播中所缺失的,因为传播中的信息仅受到解码,没有被发出和接收。传播所涉及的是意义的抽象化层面,由此造成了二元性层面的短路。

---

① 熵是某些物质系统状态的一种量度。一个孤立系统总是从有序走向无序,熵总是倾向于随之增多。——译注

他者，便是来客。他在权利上不是平等的、有所不同的，而且他是陌异的、**外来的**（ extraneus）。所以他受到驱魔，除去了陌异性。他一旦被纳入游戏规则，他的生命就比我们自己的更为珍贵。在这个只具象征意义的世界里，那差异式的相异性没有容身之地。动物、众神、死者都不成其为他者。他们都陷入同样的循环。而在这个循环之外，连我们也是不存在的。

其他各种文化都极为包容，它们格外能够接纳。而我们只会摇摆不定，将他者看作饵食又或者影子，对其纯粹地侵占又或者一厢情愿地认同。其他文化能善加利用包括我们西方世界在内的外来事物，将其重新纳入自身的游戏规则。他们的采纳有即时的，也有长期的，同时又让他们的根本规则与机制不受威胁。他们正是因为毫无普世法则的幻觉，所以没有像我们那样因为总是内化规条，总要主使我们自身以及我们的趣味、享乐与行动，从而变得脆弱不堪。原始文化不被这样的意图连累。人是否是其自身这一点本就没有意义：一切都来自他者。一切都不是其自身，也本没有立足之地。

这样看来，日本人、巴西人甚至让·鲁什《疯狂先师》①里的非洲人之间并无区别。他们都仍是凶残噬人的，都对某些价值作了粗暴的吸纳，而且永远不能把这些价值带给他们自身。

日本的强势崛起，在于他们吸纳了科技与各种现代性形式

---

① 让·鲁什的短片《疯狂先师》（Jean Rouche, *Les Maîtres fous*）拍摄了尼日利亚等地的新兴宗教仪式，其中当地人扮演的不是神话角色，而是从事各种现代职业的英国殖民者。——译注

（就像他们曾经如此吸纳了宗教与文书系统），但是，其中没有心理上的内化，没有其深层基础，并且没有照搬各种规范。这种吸纳，毋宁是某种对抗，并不达成和解与认可。他们其实完全未受影响。这种过程就是一种诱惑①，它是转变某事物（某个符号、某项科技、某个客体）的本质，或使其在另一套规范下发挥作用，或者，它将其从法令的领域（资本、价值、经济、意义）带入规则的领域（游戏、仪式、典礼、循环、重复）。

日本的繁荣，既不符合西方的价值体系，也不遵从西方的方案设计。它在实践中保持着距离与可控的纯洁性，不像西方在资本和科技的历程中因种种意识形态与信仰受到掣肘。日本人在吸纳科技方面是杰出的演员，他们演得得心应手，却不深入科技这个角色本身之中的矛盾。就像狄德罗所谓的演员，深谙利用表演的矛盾：为了得到更好的表演效果，演员需要疏离，需要懂得游戏规则，需要知道真正的表演才能来自外部，来自科技这个角色及其道具（日本的工业家认为，每个技术产品中都寄居着神明，由此得以自治并有其内在精神）。他们要做的就是用科技去表演，就像用符号去表演，让主体充满效率，让意义完全失却，最终作出彻底的伪装。

那各种象征性的仪式可以吸收一切，包括资本主义下的无器官的身体。那里没有发生脱领属化②，没有海德格尔对技术与本

---

① 诱惑（séduction）是鲍德里亚提出的重要概念，也可以理解为"诱骗"。这一句即对诱惑的定义。——译注

② 脱领属化（déterritorialisation），德勒兹和瓜塔里在《反俄狄浦斯》中提出的概念，指某些关系脱离了所有其他的语境。——译注

源、技术与存在之关系的思索，也没有心理方面的内在化。他们是在自己的领土上对抗西方，而他们的策略极为高效，用一套价值体系换来科技福利，将科技实践用于纯粹的人造事物，却脱离了进步思想和其他理性形式。这种形式令人费解，而我们甚至无以认识这种纯粹的策略、这种冰冷而极致的效率，因为它们与通俗的西方现代性殊为不同。从这个意义上讲，这就是谢阁兰所谓的某种根本的异域性，而更惊人的是它发生在一个极度发达的社会里，那里完全留存着各种原始社会的仪式力量。

这种形式是凶残噬人的：它作出整合、吸纳、模仿、吞噬。非裔巴西人的文化也是噬人的例证，它吞噬的是白人现代文化，它的形式是诱惑的。所谓噬人，绝不是人与他者的某种极端关系，它也存在于爱情这极端的包容形式中。

我们应该注意的，不是巴西是否更能解决种族问题，而是意识形态化的种族主义在那里更为复杂，因为那里各族杂居、异族通婚。那里的种族歧视淹没在如同掌纹般错综复杂的种族之线中。种族主义由于客体的散失而无效，这比意识形态方面的抗争更微妙、更有效，因为后者的模棱两可总是复活它的客体。而要想终结种族主义，只能通过理性地否定，从正面去与它抗争。要想战胜它，只有通过各种族的游戏与其间讽刺性的差异。他们没有借权利之名对各种差异法制化，而是展开了游戏，这游戏充满了诱惑与噬人的暴力。如此情节，就像伯南布哥州主教案①，或者

---

① 1957 年 7 月，巴西伯南布哥州主教（l'évêque de Pernambouc）遭下级牧师枪击身亡，成为社会长期关注的一桩奇案。——译注

影片《我的法国朋友太好吃》①,有人反而因为受到美化和神化,落得被吃掉的下场。他不仅被赋予了存在的权利,更被赋予了死亡的殊荣。如果说种族主义是暴力的宣泄、它对抗的是他者的诱惑(而非对抗其差异),那么它的消解只能依赖再多一层的诱惑游戏。

比起我们的文化,很多其他文化所经历的事态要更为本真。我们的一切,都可以预先解读,我们有绝佳的分析手段,但没有供分析的事态。我们活在理论中,早已超越了我们的各种事件。因此,我们深藏忧伤。其他那些人,仍有着朦胧的命运,有他们所经历的事物,他们可能至死都无以将它解读。而我们,已经把别处洗劫一空。那些较为陌异的文化匍匐地活着(面向星辰、面向命运),而我们则是沮丧地活着(因为命运的缺失)。在我们之外,什么也不会发生。在某种意义上,这是我们绝对的不幸。

---

① 《我的法国朋友太好吃》(*Qu'il était bon mon petit Français*),取材于16世纪法国与葡萄牙在巴西的殖民活动,其主人公原为法国人,在巴西融入了一个原始食人部落,最终在部落仪式中被吃掉。——译注

根本的异域性

L'Exotisme Radical

即使许多人遭到了侵犯和灭绝,但我们发现,他者仍是不可磨灭的,因此也发现相异性有着难以撼动的宿命性。

它们的力量宿于观念,宿于各种事实。

根本的相异性,它向一切而抗争,对抗征服、种族主义、种族灭绝、差异之论的病毒、异化之下的心理表演。一方面,他者早已死去;另一方面,它是不可磨灭的。

这就是那无所不及的游戏。

众多存在,众多群体,都有着究极的不可解性。

谢阁兰说:"各种族之所以是不可解的,不过是因为个人的不可解延伸到了整个种族。"

异域性能够留存,在于相遇、融合以及差异互换的不可能。幸运的是,所有这些都是幻觉,是来自主体性本身的幻觉。

我们需要面对的仅仅是异域人的异域性、客体的收复失地。

不是心理学,它本来就很糟糕。

我们要避免将他者纳入各种心理学的、意识形态的、道德的形式,避免他者这个隐喻,避免将他者用作隐喻。

我们需要寻找他者的"残酷"、他者的不可知性、他者的幽灵,强求他的异域性,在其异域中强求他。

我们已经受尽隐喻的折磨,它是终极的形而上的侵犯。

我们要根本地反对人种学、反对普世论调、反对差异思想。

用彻底的异域性,去反对基于差异的淫媒行径。

关于我们对世界与其他文化的探索发现,谢阁兰早就如此概括:我们一旦通过各种万能的传播方式,将地球环绕过了,让它成了有限的空间,那么所剩的就只有永劫不复的巡回观光,而它终将走向尽头,因为所有的差异都将被消化,异域性将遍及细枝末节。然而,谢阁兰如此指出各文化走向同化的熵增原理、旅行已经不再可能之后,转而对本质的异域性、彻底的异域性寄予厚望。

"异域性即是对某种永存的不可理解性的敏锐而直接的察知。"

最终占据上风的,并不是那基于差异的体制和差异的抹消,而是永存的不可理解性,是来自那众多文化、风习、肤色、语言的无可撼动的陌异性。

"如果风情因差异而增多,那么最令人欣赏的,不就是那无以撼动事物的抗衡、永恒对立事物的冲突?"

这便是客体的收复失地:"最本质的异域性,是客体相对于主体的异域性。"异域性成了根本法则,它形成感受的烈度,以及那使人去感知、从而去生活的欣快。

"异域性的法则支配着所有人。"

它是否真如法规?这种异域性理论,是否可以归结到伦理学、美学、哲学、生活情调?还是仅是流于表面或陈腐学究的世界观?对于谢阁兰而言,它是一项不可或缺的假设,也是愉悦的源泉。

　　根本的相异性,它既无迹可寻,也无以撼动。它的无迹可寻,就像某种只关涉自身的相异性(这显然属于空想);而它的无以撼动,就像象征性游戏、世界的游戏的基本规则。而这种游戏规则,作为根本的规则,并不会随着各种差异的邻接与混杂而改变。它不是基于理性的法则,也不是可以呈现的进程,我们对这陌异性与不可理解性的根本原理,不会有形而上或科学的证明,我们只需要与它站到一边。

　　理解才是最糟糕的,它不过是一项既感性又无用的官能。真正有价值的认识,就是我们知晓我们对他者永远有不能理解之处,也知晓他者不是只关涉其自身,从而他不会被剥离其自身,不会在我们的视线下异化,不会基于身份和差异而受到构筑(我们永远不应考虑他人的身份。以"美国人"为例,何谓美国人的身份这个问题从来没人强调,这是美国的陌异性所起的作用)。如果说我们无法理解野蛮人,其原因正是他们对自身也无法理解("野蛮人"这个词比所有后来的委婉称谓更好地体现出这种陌异性)。

　　这条异域性的规则,让我们对所谓理解、内心、国家、旅行、景致、自我都有了不再浅薄的理解。另外,根本的异域性所涉及的层面,并不仅限于旅行:"为了感受(来自异域性的)冲突,我们并无必要重谈旅行的旧事……然而旅行中的故事与旅行的展开好过任何其他借口,带来那生猛、迅疾、冷酷的肉搏,更能凸显一次次击打的发生。"①旅行确实不过是借口,但也是最体面的一个。

----

① 以上几处引文出自谢阁兰未完成的书稿《关于异域性的随笔》(*Essai sru l'exotisme*)。——译注

有一种力量来自对极之间,这批判性的力量也来自旅行。我们曾与他者有过一段美好时光:让·德·莱利、孟德斯鸠、谢阁兰①都在其中。

18世纪是相异性爆发的年代,是最为壮观的。我们需要让他者留在其陌异性中。我们可以参考罗兰·巴特笔下的日本,或者美国。我们不要将它们作为差异去把握。这一点,就是谢阁兰的陌异者原则(le principe de l'Exote)。我们不要过于坚持真理,要对庸俗的异域性予以唾弃,同时也不要面对他者而迷失自我。这一点,就是伊莎贝尔·艾伯哈特②的主张:去追求融合的形式、神秘的混杂。她的做法回应了一个问题:怎样成为一个阿拉伯人?她通过排除自身的陌异性去做阿拉伯人,最后也以此身份离世,而且是一个阿拉伯人将她推进了洪水,以消灭这个叛教者。而诗人兰波却不寻求融合。他相对于自身文化已经有莫大的陌异性,所以不需要神秘的另一条路。

我们又想起了巴塔哥尼亚③。它引起我们对陨灭的幻想,印

---

① 让·德·莱利(Jean de Léry, 1536—1613),法国旅行家。此三人都因旅行经历丰富而多有著述。——译注

② 伊莎贝尔·艾伯哈特(Isabelle Eberhardt, 1877—1904),瑞士及法国籍作家。——译注

③ 巴塔哥尼亚(Patagonie),位于南美,是前文所提到的阿拉卡卢夫族的原住地。——译注

第安人的陨灭,我们自身的陨灭,任何文化、任何风景的陨灭,它们成冰化雾般消逝。但其实,这一切在欧洲也在消失。我们都是阿拉卡卢夫人,为何要关心另一处地理分区?总之,这可能是因为我们与其面对某种(我们的)失控的消失过程,宁可用那可见的消失过程作为过渡。我们任何的行动化①,都是一场不解决问题的空想。正是因此,"巴塔哥尼亚"与"空想科学"(Pataphysique)特别押韵,而后者正是各种不解决问题的空想研究。这门空想科学、绝境求生的科学(agonistique),便是巴塔哥尼亚学(Patagonistique)。

我们在旅行中所追求的既不是探索,也不是交易,而是一种美妙的脱领属化,我们想要被旅程接管,也就是被缺席接管。而当我们坐着钢铁载具穿行了各条经线、各个大洋与地球两极,缺席成了身体机能。我们先是秘密地封藏了个人生活,又废除了经度和纬度。最后,身体因不知所处何地而疲倦,而精神因为这种缺席振奋起来,就像因为某种自身机能一样。

话说到底,我们对他者所求的,可能也是旅行中那美妙的脱领属化。我们丢下了自己的欲望以及探索,转而去他人的欲望中放逐和穿行。我们常常感到,那充满感情的目光和动作中,已经有着可供放逐的距离,语言换作一些词不达意的文字,那身体则

---

① 行动化(passage à l'acte),心理学术语,即人们超出心理防卫机制的不健康冲动或癖好,如酗酒行为,此处代指人们对自身消失无以面对时的反应。——译注

像全息图像,让人和缓地注视和碰触而不反抗,因此像一个宇宙空间一样,供欲望向各个方向发散。我们在一个满是沟回的头脑星球上谨慎地游览。我们的放纵和激情,给我们留下如同旅行的透明回忆。

我们与旅行的关系,就像我们与他人的关系。旅行是种变形,是去欣赏地球的变角度画(anamorphose)。女性是种变形,是男性的变角度画。通过变换,你得以摆脱自己的性别、自己的文化。这种放逐、摆脱,取代了古典意义上寻求发现的旅行。我们的旅行是空间的、环绕的、矢量的,通过速度,它也改变着时间。在宝瓶座纪元①,我们的旅行将会任意变换、往复穿行于季节与文化。它让我们丢下我们谓之内心的幻觉。

在过去,旅行是核心活动的外围延伸,是暂离原生地;而现在它的意义一下改变了:它成了一重原初的维度,让人一去不返,构成了新的原始舞台。它真正地去向陌异,它将带来的,就是过去各个原始社会所遭受的去中心化(décentrement)。与此同时,如果说过去的旅行让我们看到各个国家、各种文化逐渐千篇一律,各种风习在各处不断流失,那么随着我们带着某种受虐倾向去虚妄地旅行,今天的旅行反而呈现了根本的异域性以及各种文化的不可调和。

---

① 宝瓶座纪元(l'ère du Verseau):根据国际天文学联合会界定,宝瓶座时代大约开始于公元2600年左右,是人类的下一个星座纪元。——译注

旅行这种方式，曾经让我们去到别处、去到无人之境，今天却仅有它能让我们感到存在于某地。我们在家里被信息、屏幕包围，不再处于任何地方，而是同时处于世界各地，我们存在于普遍的平庸里，而这种平庸遍及每个国家。我们去到一个新的城市，就会突然发现自己在此地又不知在何地。身体重新开始观看。它脱离了图像，于是重新开始想象。

如果说有什么如此像似旅行、可以联系到旅行的转变，那就是摄影。摄影紧密地联系着旅行的起源。它们如此地亲近野蛮和原始的事物，以及那最本质的异域性，即客体和他者的异域性。

最美的照片，是野蛮人在其原生地的照片，因为野蛮人始终面对着死亡，他与镜头的对峙，与他对死亡如出一辙。他既不讨好，也不漠然。他总是摆出姿势，直面相机。他的成就，就在于他将一种技术手段变成与死亡的对峙。正是因此，摄影客体是如此强力、浓烈。而当镜头捕捉不到这种姿势、这客体向死亡的近距离挑衅，当主体与镜头和平相处、摄影师成为主体，这时摄影的绝妙游戏就已终结。异域已死。今天我们已经很难发现，哪个主体甚或客体不跟镜头和平相处。

大致说来，那唯一的奥秘，在于那些人并不懂得自己的生活。这个奥秘给他们加上了某种神秘感、某种蛮性，而好的照片里所体现的恰是这些。照片从那些面孔中捕捉那纯朴而宿命的光彩，从中表露出他们其实并不懂自己是谁、如何生活。这无力和茫然中的光彩，是另一族类所不具备的，他们世故、机智，又时髦、内敛，对自己再熟悉不过，所以不藏奥秘。对于后面这些人，照片是凄惨不堪的。

所谓摄影,只能出自违背人意愿的冒犯、惊诧、揭示、暴露,而被拍者本来从不应该被拍到,因为他没有对他自身产生形象和意识。那种蛮性,或者说我们之中蛮性的方面,是无法反映出来的。它对自身是蛮夷般陌异的。最为诱惑的女性,是对自身最为陌生的女性(比如玛丽莲·梦露)。好的摄影,并不去再现什么,它只捕捉这种无可再现,即对自身(自身欲望、自身意识)陌异者所具有的相异性、客体中根本的陌异性。

客体与原始部族一样,相对我们都预先保持着某种拍摄距离:他们一下就能摆脱心理活动与内省。因此他们面对镜头可以保留完全的诱惑。

摄像是在我们缺席时记录世界的状态。镜头探究的就是这种缺席。它即使拍下充满情感与悲伤的表情与身体,也是在探究这种缺席。因此,最好的摄影作品所拍的那些人并没有他者,或已失去他者(原始部族、悲惨的人、客体)。只有非人者适于摄影。只有这样,摄影才能构成相互的惊愕,我们与世界、世界与我们的视线才能沟通。

摄影就是我们的驱魔仪式。在驱魔术中,原始社会戴上面具,资产阶级社会照着镜子,而我们面对图像。

我们认为我们通过技术驱使着世界,但其实是世界通过技术凌驾于我们。这种反转会产生相当惊人的效果。

你认为你拍下某个情景并乐在其中,但其实,是这场景有意被拍下，而在它的演出里，你只是个配角。主体不过是个代理，协助事物反讽地展现。图像是世界和客体进行大规模自我宣传的理想中介，它使我们的想象力趋于消失，使我们的激情趋于外向，而当我们伪善地拿起镜头去捕捉它时，手中的镜片也被它打碎。

今天的奇迹，就是从前一直甘作奴隶的表象，向我们返回甚至与我们对抗，取得主权，而它们所借助的，就是我们曾用于驱逐它们的技术。今天它们的来源地，是它们的专属地、它们深刻的平庸性与客体性。它们从四面涌现，愉快地自我增殖（拍摄的愉悦是一种**客观的**喜悦。图像可以在某个早上在一座城市和一片沙漠间形成**客观的**穿梭。而你如果没有体验过这种穿梭，就永远不会懂得世界的空想科学般的妙处）。

某事物如果有意被拍摄，恰是因为它无意交代它的意义、无意反观自我，因为它有意被直接捕捉、被当场侵犯、尽现它的细节与它的分形构造。我们感到，某事物之所以有意被拍摄并变成图像，并不是为了长存于世，而是为了更彻底的消失。而主体，不过是一种有效的摄影媒介，因为他参与了这场游戏，他对自身的观看和审美判断作了驱魔，他在自身的缺席中玩味。

图像必须有这样的性质，即它来自一个主体退场的世界。这条线索贯穿着物体、线条、光线的众多细节，宣示着主体的中断，也宣示着世界的中断，从而造成照片的悬念。通过图像，世界显露出它的不连续、它的碎裂、它的臃肿、它的人造的瞬时性。在此意义上，摄影的图像是最为纯粹的，因为它并没有模拟时间和运动，恪守着非现实原则。而其他各种图像形式（电影等）并没有多么先进，或许只是更缓和地去表现这种纯粹图像与现实之间的断裂。图像的张力，取决于它的不连续、它的极度抽象，也就是说它对真实的否认。创造一幅图像，就是逐个剥夺对象的所有特质：重量、轮廓、气味、层次、时间、连续性，当然还有其意义。正是通过这种反表现、这种驱魔术，图像才能获得更多魅力与张力，成为沟通纯粹客观性的桥梁，透出某种更微妙的诱惑。反之，如果我们逐个增加那些特质，如轮廓、运动、感情、观念、情怀、意义、欲望，以追求更好、更真实的表现，那么这只是在追求更好的模拟，完全违背了图像的定义。这样也让技术本身落入自身圈套。

摄影用一种技术手段把各事物联系起来，仿照着它们的庸常的联系。物体的细节无穷无尽，令人眩迷。细节的离心运动拥有魔力。而一幅图像对另一幅图像、一张照片对另一张照片，就是分形的邻接延伸，它们之间没有辩证关系。它们无法形成"世界的景象"，无法形成视线，而只有对世界细节的折射。

摄影图像之所以有戏剧张力，恰是因为它的静默、它的静止。各种事物所期待的、我们所期待的，并不是运动，而是这更激烈的静止。有一种力量，来自不动的图像，来自神秘的歌剧。甚至电影也致力于营造慢动作和定帧的神秘感，以到达戏剧性的顶峰。而电视的矛盾之处，就在于它将魅力拱手让给了静默的图像。

摄影图像的戏剧张力还在于某种对抗，其中主体有意强加某种秩序、某种视角，而客体有意凸显自己的不连续性和直接性。在通常情况下，胜出的总是客体，这是因为摄影图像来自一个分形世界，它既不提炼这个世界的公式，也不对其归总。它不同于绘画艺术，也不同于电影艺术，因为在后两者的观念中，景象或者运动始终旨在描绘出某种整体性。

照片并不是让主体脱离世界，而是让各种客体彼此失去联系，是任意串联那些零碎的客体及其细节。它就像音乐的切分、分子的运动。照片让我们如此像似飞虫，让我们也有了复眼，学会了曲折的飞行。

我们的摄影欲望，也许是源自这一状况：世界从整体角度上、在意义方面，总令人失望；但在细节中，它令人惊奇，因为它总是明确无误。

我们如果要重建他者那隐秘的形式，就要像观赏多视角的画像那样，从他者的那些碎片开始，追踪他留下的折线与各处断痕。

威尼斯随行曲

La Suite Vénitienne

我们有种奇怪的高傲，不仅想支配他者，还想揭穿他的秘密；不仅要受到他的重视，还要让他无可回避。我们想在他者的生命中扮演幕后的主使。

我们可以尾随任意一个行人，无计划地跟随片刻，同时我们知道，这些人的生活只是随意的历程，它没有方向，也没有目的，也因此才迷人。你只存在于他们的步迹之后，不为他们所知，而实际上，你追随着自己的步迹，也不为自己所知。所以这不是去探索他人的生活、他人的去向，这也不是为了探索未知而出走。你是让自己去做他人的镜子，而他人并不知情。你是让自己成为他人的命运、他人历程的重复，而这历程对他人有意义，其重复却无意义。这就像有人跟在他后面，知道他去不了什么地方。这也像夺去了他的目的：一个邪恶的精灵（malin génie）游荡在他和他自己之间。这种效应如此强大，以至于人们经常感到被人尾随，他们直觉地感到，有什么进入了他们的空间、改变了它的弧度。

有一天，S 决定让这种经验展现另一个侧面。① 她决定在威尼斯旅行时全程跟踪一个完全不认识的男人。她找到了他下榻的酒店，在酒店对面租住，观察他的进出。她拍下他在各处的照

---

① 指法国艺术家苏菲·卡尔的作品《威尼斯随行曲》（Sophie Calle, *La Suite vénitienne*, 1980），作品题目中的"Suite"兼有"组曲""跟随"之意。——译注

片。她并不想从他那里得到什么,也不想认识他。为了避免被他察觉,她乔装打扮,戴上金发。但她关心的不是化装,她在十五天里付出诸多努力,只为弄清他的行踪。她去他到过的店里打听,她知道他去看什么演出。甚至在他回巴黎时,她还去等他到站,拍下最后一张他的底片。

她难道想让他杀害自己?让他发现这跟踪难以忍受(因为她无所期待,尤其不可能发生情欲关系),随之对自己付诸暴力?让他转回身来看到自己,像俄耳浦斯去看欧律狄刻那样让她消失?她难道想通过事态转变,让他成为她命中注定的人?这场游戏就像所有的游戏一样,有它的基本规则:他们之间绝不应该发生联系、产生关系。这个秘密不能被揭示,否则就沦为一段凡俗的故事。

对被跟踪者而言,跟踪显然有谋害性质,因为跟踪者在过程中一步一步地抹消了他的踪迹。人不能不留踪迹地生活,正如人不能脱离阴影而生活。那幕后主使者窃取了他的踪迹,而他不可能对身边的妖术毫无察觉。她不间断地对他拍照。这些照片的作用不是窥视或者记录,而只表示:如此,在此时此地,在这样的光线下,有一个人;同时也表示:处于此时此地没有任何意义,事实上,这里根本没有什么人,作为跟踪者的我可以向你如此保证。

揭露某人的双面生活,这并不有趣。因为**跟踪本身就是他人的双重生活**。任何平庸的存在都可以改头换面,任何非凡的存在都可以变得平庸。而事实上,生活总是屈从奇异吸引子的影响。

我们不该说:"别人存在着,因为我跟他相遇过",而应该说:

"别人存在着,因为我跟踪过他"。相遇、对峙,总是太真实、太直接、太不得体,其中毫无秘密。你可以看到,那相遇的人们并没有互相结识,没有坦承自己的身份(正如相爱的人们并没有互相讲述感情)。他们的态度真的那么果断吗?相遇就能证明他人的存在吗?这些都毫无根据。反而,在秘密跟踪的事实中,他者是存在的,而这正是因为我不认识他、不想结识他、不想被他知道。他存在,这是因为我不加选择,对他行使了难以回避的跟踪权。我不用接近他,就比任何人更了解他。我甚至可以像 S(在《威尼斯随行曲》中)那样任他走开,同时确信明天可以在这城市的迷宫里、在某种星象位图下(因为城市是弧形的,时间是弧形的,而游戏规则一定会将参与者带回同一轨道)与他再见。

要想避免与人相遇,只能对他跟踪(这里的原理与迷宫相反,在迷宫中你去随行以免跟丢,而在此是以免与他相遇)。然而,这个过程中可能发生戏剧性的时刻——被跟踪者突然产生念头,突然意识到被跟踪,转过头来。这时游戏就被颠覆了,跟踪者走投无路,无处可逃。唯一的戏剧转折,就是这一次他人的意外转身,他想要问清楚,他让每个人都身处炼狱。

这种逆转,在威尼斯确实发生了。那个男人走过来问她:"你想干什么?"而她并不想干什么,既不是要侦察,也不想发生情欲关系。正是这一点让人无法接受,暗藏着谋杀与死亡的风险。根本的相异性始终暗藏着死亡的风险。这暴力性的启示让 S 无比焦虑,她不再隐藏,同时躲开他。"我不能再跟踪他了。因为他想到我就会不安,就想知道我是不是跟在后面。而我会用另外的方式追随他的踪迹。"

S 本来可以跟这个男人会面、直视、交谈。而那样她就永远不能塑造出这种秘密的他者之存在。所谓他者,我们只应去猜测他的命运,不应通过差异和对话与他熟识,只应认可他的秘密、认定他永远远隔。我们不应作为对话者去与他沟通,而应作为他的影子、替身、影像去认可他,通过抹消他的踪迹、剥夺他的影子去与他结合。他者绝不是我们要与其沟通的人,而是我们所追随的人,是追随我们的人。

他者从来不自然而然就是他者:我们必须诱惑他,让他与自己变得陌异,甚至在没有其他办法的时候毁灭他,从而让他变成他者。而为了做到这一点,还有更巧妙的手段。

我们都活在我们给他者设下的陷阱里。我们彼此相处在无尽的亲密中,将它持续到气力耗尽。每个人都**想要**自己的他者。我们迫切地需要让他屈从,又痴迷于让他存续以便享用。真理与谎言的相悖逻辑,在一场死亡之舞中互相串通,而它只是提供他者之终结作为享受,因为,渴求他者总是渴求将他者终结、终结得尽可能更晚。我们唯一的问题,不过是谁能坚持到最后,我们为之占据了他者的空间、言说、沉寂甚至他自身内部;而他者从被我们按照差异来对待的时刻起,就被剥夺了其自身。我们不动手行凶,我们只是鼓动对手自己去追求、去达成他的象征性死亡。世界是个完美运作的陷阱。

他者的事件的特异性及其形式中的奥秘,就是终归不可知的某种相异性、陌异性。

在《费迪杜克》里,人们当然看到了个体如何受其环境决定,但对我来说,它在心理学层面上更为深刻、在哲学层面上更令人不安的，就是它告诉我们，人有可能被单独一个人、被另一个自己塑造，这只需要随时可能发生的一次偶遇……我并不是要说，某个特定环境会将它的惯习强加于我，或像马克思一样称人是其社会阶级的产物。我是想展现，某个人与其相似者的接触，以及这种接触的直接、偶然、野蛮的特点，也就是展示那些偶然联系中如何生出某种形式，生出某种往往是完全意外的荒谬形式……你难道不觉得，这种形式比某种社会惯习要强有力得多吗？其中难道没有某种无可支配的元素吗？

——贡布罗维奇[1]

---

[1] 维托尔德·贡布罗维奇（Witold Gombrowicz，1904—1969），波兰小说家。《费迪杜克》（*Ferdydurke*）是他的一部小说作品，这个标题在波兰语中并无意义。——译注

毒性的包容

L'Hospitalité virale

每个人都是他者的宿命,而且毋庸置疑,每个人秘而不宣的宿命,就是消灭(或诱惑)他者,而他所借助的,不是诅咒或者死亡驱力,是他者自身生命的终点。

阿图尔·施尼茨勒在《关系与孤独》(Arthur Schnitzler, *Relations et Solitudes*)中写道:我们也许可以把传染病在人体内的发作过程比作一个微生物群的历史,有它的起始、高峰和衰败。这种历史便也像似人类的历史,尽管在规模上显然不同,但在观念上是一致的。

> 这个微生物群,生存在某个人体内的血液、淋巴液、肌肉之中。这个在我看来染上疾病的人,就是它们的处境、它们的世界。同时,对于这些微小个体而言,它们生存的基础、任务与意义,便是无意识地、不由自主地摧毁这个它们的世界,而且往往真正达到目的(而谁又知道,这个微生物群体之内的不同个体,是否如同人类个体,具有各不相同的才能与意志?它们之中是否分得出普通微生物和天才微生物?)。
>
> 于是我们便不难想象,人类相对于某种高级构造也是一种病症。人们尽管无法整个了解这个构造,但也在这之中才有其生存的基础、任务与意义,那就是摧毁这个构造,而且是随着发展不得不将它摧毁,完全就像微

生物群以消灭那个"患病"的人类个体为目的。我们也许可以继续这个思路,设想任何有生的群体,不论是微生物群还是人类,其使命都是渐渐摧毁在它之上的世界,即某个人类个体或是宇宙。

然而,即使这种假设接近于真相,我们的想象力也尚且不知如何处理这个问题,因为我们的心灵只能把握下行的运动,而不是上行的运动。我们只对低等事物拥有相对性的认识,而对高等事物还停留在只能预感的阶段。从这个意义上,人类的历史也许可以看作对抗神性的永恒斗争,后者尽管加以反抗,但终会被人类逐渐地、并且是必然地摧毁。在这种思想图式下,我们也许可以猜想,这种超出我们的、让我们认作神性或信为神性的元素,它在自身之外也有更高等者,而这个循环不断延续。

微生物种群与人类种群之间,有着完全的共生性与根本的互不相容性。我们不能说人类的他者是微生物,因为两者在本质上并不对立,也不彼此抗衡,他们彼此承续,而这种承续关系是先天注定的,完全不为人或微生物所改变。他们之间没有界线,因为这种承续是无限往复的。或者不妨说,相异性就在其中:绝对的他者,正是这些微生物,因为它们根本不具人性,而我们对其一无所知,甚至不知它与我们哪里不同。微生物作为一种隐藏的形式改变着一切,而我们没有可能与它协商或是和解。尽管如此,我们与它享有同样的生命,而它作为物种,将与我们的物种同时消亡,它的命运与我们同一。这正如绿藻与薄荷酱虫(le ver et l'algue)的联系:这种小虫体内寄生着某种藻类,靠它才能消化食物。一切正常,直到有一天,小虫突然想要吞噬它的绿藻,吞噬之后,便因此而死(甚至没有消化这份食物,因为已经没有它的帮助)。

意志的转化

La Déclinaison des Volontés

他者的秘密，就在于他从来不让我安于做我自己，让我的存在沦为某个异乡来客的宿命般的变形。在施尼茨勒的寓言中，人类与微生物一起生活，受它困扰，被它摧毁：两者彼此是陌异的，但两者的命运却是同一的。在《威尼斯随行曲》中，S 失去了身份与去向：她只跟随一个行人，在他不知不觉时共有他的秘密。因此我们看到，存在得以形成，总是由于意义或无意义发生了转化，由于其他事物改变了形态。我们本无所谓自身的意志，而且我们从来也不是用我们自身的意志去面对他者。它不过是从别处到来者的涌现和自旋，是陌异事物的诱惑和权力交替。

于是哲学的秘密，就不是认识自身、寻找去向，而是追随他者；它不是思索自身，而是思索他人之思；它不是信守自身，而是去信他人所信。从别处到来的各种规定性（détermination）面目不清、无以解读，都有其自旋运动，但这无关紧要，最重要的是我们要与任何事件、任何客体、任何偶然存在的陌异形式相结合，毕竟我们永远不能把握自己。因为今天人们失去了影子，所以他们必须受到跟随；因为今天人们丢失了踪迹，所以必须有人跟上他们的踪迹，甚至因此将他们抹消。这里所发生的，是助人失踪，是行使某种象征性的义务，是某种神秘的交往与失联。

我们的文化，将生之责任交还给每个人。基督教传统所留下的道德责任，通过现代信息传播设备变得更为强大，让每个人为自己生活中的所有状况担负责任。这等于将他者引渡收押，让他者在程序化的生存管理之下完全失去作用,因为一切都只为了个体单位的自给自足。

然而,这是荒谬的。没有人承担得起自身生活的责任。这种现代的、基督教的观念,是空幻的、傲慢的。而且,它是没有任何基础的乌托邦幻想。它要求个体成为奴隶,去服从他的身份、意志和欲望。它要求个体去控制自身的各种循环,以及萦绕在他基因、神经、思维周围的各种世界的循环。这是变本加厉的奴役。

较此远为人性的做法,就是将自己的命运、欲望、意志交与他人之手。这带来责任的流通、意志的转化、各种形式的永久传递。

而我的生命,既然关联于他人的生命,它本身就有了奥秘。我的意志,既然传递给他人,它本身也有了奥秘。

我们常常质疑我们自身享受的真相、我们自身意志的渴求。矛盾的是,我们在怀疑这些的同时,却感到他人的享受要更加可信。我们与自己的享受更近,在这样的位置上总是更容易怀疑它。某种观点认为,每个人应该对自己的意见主动担负责任,但这种观点其实忽略了相反的倾向,即人可以把自己的意见依附在别人更牢靠的意见之上(正如中国房中术讲究延缓自身享受,以求满足他人,并由此得到精力与彻悟)。他者的假设,也许就出自我们对自身享受的根本怀疑。

如果说,诱惑的产生,是因为他人之中有他自己也不懂的秘密触发了直觉,是因为我对他永远不能看透、却隔着神秘的面纱受到吸引,那么现在,我们已经没有多少诱惑的余地了,因为今天的他人已经找不到自身的神秘感。所有人都极其忠于自身与自己的欲望。事情变得如此直白,以至于谁戴面纱出门就遭尽嘲讽。于是哪里还有诱惑的游戏道具?人们的欲望幻觉又变成了什么?那不正是精神分析的理论幻觉、革命的政治幻觉?

也许人们再也不能相信,而只相信那能够相信的人;也许人们再也不能去爱,而只爱那有所爱的人;也许人们再也没有自己的欲求,而只要他人所欲的事物。这就像是人们的意欲、能力、知识发生了全面的脱轨,它们虽未被放弃,却只供回收利用。总之,我们已经不再去看,我们的屏幕、照片、视频、报道里已经没有他人所见的事物。我们再也不能看到那已经被看过的事物。我们把观看的任务委派给机器,正如我们就要把做选择的任务委派给电脑。我们的各项功能,甚至是机体与感知功能,都要通过卫星的中继。我们甚至可以将此联系到享受与身体的脱离:正如欲望已非需求,享受也不是满足。我们用以应对需求和满足的,仅是回收利用的运作。

总之,我们与其受自己掌控,还不如让自己被别人掌控。我们与其被自己压制、利用、迫害、操纵,还不如让别人来这样对待自己。

我们可以从这个角度去理解自由化和解放运动,它追求更高的自主,即打着自由的旗号去消解各种操纵与限制,因此其实是一种倒退。不论我们面临何种外部状况,即便是最残酷的剥削,它只要来自外部,就还是积极的。这就是异化赐予我们的福利,而关于异化,人们往往将它看作丧失自我而加以批判。人们认为他人便是不共戴天之敌,因为他包含着从我们身上异化出去的部分。于是有人提出反面理论——一种简单片面的反异化理论,想让主体收回他的意志和欲望。在这个观点之下,任何事物,只要它由主体作出或作用于主体,就性质良好,因为它是本真的;而任何外来的事物,就都是失真的,因为它逃离了主体的自由领域。

我们要坚持与此针锋相对的主张,深入了解其中的矛盾。正如我们自身不如交由他人掌控,我们的福祸也是同样,交给他人胜过自己掌握。我们的生活不如依附给某种不取决于我们的事物。这项主张完全结束了我身上的奴役。我不再屈从那不取决于我的事物,甚至不屈从我本身的存在。也就是说,我摆脱了我的出生与死亡。真正的自由,无非是这种自由。一切游戏、博弈、激情、诱惑,都是由它而生,而它对我们完全陌异,对我们发挥着能量。这个来源就是他者,而我们必须去诱惑它。

这门权力让渡的伦理学,是一门精妙的哲学。这种精妙(subtilité),是最基本的技巧,它意味着我们赖以生存的能量与意志并非我们所专有,它是我们从他人和世界那里、从我们的爱人和仇敌那里窃取(subtiliser)而来的。我们赖以为生的能量,源于欺瞒、窃夺、诱惑。而他者的存在,也完全依赖横夺、诱惑、让渡这些间接与微妙的动作。你将意愿、相信、爱情托付给别人,这不是弃权,而是采取策略:你将他作为你的宿命,你就从中得到最精妙的能量。你将生活重心托付给某个迹象或事件,你就窃取到生活的形式。

这种策略并不意味着天真无知。这是儿童的策略。成年人让儿童认为他们是成年人,于是儿童就听之任之,**让成年人认为他们只是儿童**。两者的策略中,后者更加精妙,因为成年人认为自己是成年人,但儿童却不真的认为自己是儿童。他们虽然是儿童,但自己不会这样认为。他们举着儿童的旗号,就像只图便利而已。他们的狡诈(或其诱惑)非比寻常。其实,他们也近似于施尼茨勒所论的微生物种群:他们是另一种群,他们的活力与发展终将毁灭他们周围的高等世界(成年人的世界)。儿童就像一种精妙而宿命般的存在,游荡在成年人的世界里。正是在这个意义上,儿童是成年人的他者:儿童是他难逃的宿命,是最为精妙的天然形式,儿童将他残酷地否定,而其做法,不过是像毫无自身意志的人一样优雅地游荡。

群众也是如此。他们以群众为名而活动,就像借此宿命提供便利。他们同样在政治的角落里,成长为一个陌异、敌对、无以理解的族群,甚至像一个生物物种,他们对任何政治秩序都带有主动的、毁灭性的毒性。他们还是权力的他者,是政治迷宫里游荡着的盲人主角,而权力对他们无法认识、命名、指认。他们之所以有力促成变换,是因为他们也采用那无意识的策略,对自己的意愿和信赖听之任之。他们并不会大胆承认作为群众的特别能力,这是因为,他们无法拥有主体性和话语权,无以经历政治的镜像阶段。这一点让他们不同于任何政治阶级,因为那些阶级的成员都相信或要求相信他们自身的特殊性。他们的自负,完全无以比肩群众在本质上的客观性的自负(他们并无本质)。

群众因此便领先一步,因为别人**认为**他们已经异化了,他们便对这看法听之任之。而女性,也参与着同一种"猥亵"的讽刺。她们让男性去认为自己是男性,而私下里却不认为她们自己是女性(就像孩子不认为他们自己是孩子)。放任者,永远高于那自我认可者、强加认可者。女性的性解放和政治解放运动走入陷阱,正是因为让女性认自己作女性,这样一来,她们就被卷入女性意识形态,得到了权利、地位、观念,拥有了更多的本质。她们被"解放"了,自认作女性,而整个社会的更高级的讽刺就失落了。这场灾祸殃及所有人,也包括男性,他们自认作解放了的男性,却陷入主动的奴役。

……我所理解的人,是从外部被塑造的,他的本质甚至无所谓本真,永远不是他自身,他的定义形式也来自众人之中。他显然永远是演员,但也是天然的演员,因为他的演技先天而成,而这甚至是他作为人的多种特点之一……成为人就是成为演员,成为人就是模拟人,就是去做人的表现,尽管内里并不是人,只是牢记人性……我们不用去劝人摘下面具(而他在面具后其实无所谓面孔),我们对人唯一的要求就是,他要意识到他在表现演技,并承认这一点。

愿我在演技中不能自拔……

愿我永远不成为我自己……

——贡布罗维奇

要模拟去做一个人而不做自己,这是一种全面的伪装。我们讲究真理与真挚的文化,拒斥这种伪装,因为这是一种窃取手法,让人去依照外部的、非本质的符号来制定自己的命运。但在贡布罗维奇看来,伪装是某种心灵状态,它让人意识到他是在表现演技,并为自己创造两重演技,既走入他的替身的演技之内,又对自身本质造出演技机器人，从而，它让人依靠各种符号外化为他者。我们的机器人、人造机械、各种技术，在深层意义上不正是全面的伪装吗？

安迪·沃霍尔说："我想成为一台机器"，就此宣布了附庸风雅的极限公式。他只添加少许模拟与乔装，就让他这台单体机器加入了机器与机械化物品的系统，从而挫败了一种威胁。既然普通机器可以造出物品，那沃霍尔就造出那物品的隐秘目的，即重复可造性。他的重复制造，展现了其终极目的，以及客观性进程本身所隐含的无意义。既然别人寻求增补灵魂，那沃霍尔就寻求增补机器。既然人们寻求更多意义，那他就寻求更多演技。他用越来越少的自身、越来越多的伪装，接近了机器的咒语。他的手段，就是忠实地复制庸俗的世界。越不做欲望的主体，就越接近客体的虚无。

客体作为奇异吸引子

L'Objet comme Attracteur Étrange

最后，相异性的各种形态都浓缩为一种，也就是客体（Objet）。它让我们无从逃避，它正要收复失地。

即使在科学领域，客体也越来越难以捉摸，它不可分割，难以分析，总是多变而常有逆反、反讽而富于欺骗，逃离各种操纵。主体拼命地追随它，以至于推翻了某些科学公理，但客体还是无以回报科学理性的牺牲。它是不可解的谜，因为它不是它自身、不认识它自身。它就像切斯特顿①笔下的野蛮人：我们之所以不理解它们，那是因为它们也不理解它们自身。于是，客体阻止我们对它形成任何理解。它对自身是陌异的，因而拥有力量与主权，这完全是我们的反例。文明的最初行为，就是对客体举起镜子，但它只在其中投下外形。事实上，它才是镜子，它让主体照见自己的幻觉。

所以说，科学的他者在哪里？是它的客体？科学已经失去了对话者。这个对话者就像"野蛮人"那样，并没有真正地参与对话。看起来，这个客体品行不端，并不懂得尊重"差异"，在科学宣教（推动理性的客观化）时悄悄走神，而当人们声称已经"理解"它时，它秘密破坏科学的根基以示报复。客体和科学主体之间这场残酷的赛跑，还远没有结束。

---

① 切斯特顿（Gilbert Keith Chesterton, 1874—1936），英国小说家，因推理小说知名。——译注

我们只有这作为奇异吸引子①的客体。主体不可以做奇异吸引子,他过于被我们熟知,而且太熟悉他自己。而客体才引人入胜,因为它是我所没入的地平线。它的本质,就是理论相对于现实的本质:它不是形成反映,而是作出挑战,是做一个奇异吸引子。而这就是我们在相异性主导下的追求。

我们有两种方式超越异化:一是反异化并回归自主,这种做法枯燥乏味,而且在今天已经没有多少希望;另一种方法,就是去到另一边,投向绝对的他者、绝对的异域性。这一选择可以来自别处,而全面的离心状态让别处越来越多。我们不能再满足于异化,我们要比他者、比根本的相异性更加例外。

相异性的二元形式规定了一种不可逆转的变形,以及各种外形与变化形式的不可逆转的主宰。我不是被异化了,我已经彻底成了他者。我不再屈从欲望法则,我的约束只有新统治下的彻底表演。我的自身欲望不再有任何踪迹。我只遵从某种非人的事物,而它并不源自我的内部,它存在于世界的各种客观而任意的符号的轮流往复之中。人们认为各种灾害的宿命性,就是世界凌驾于我们而无动于衷,同样地,诱惑中的宿命性,就是他者凌驾于我们的相异性。这种相异性闯入我们的生活,它的形式可以是一个动作、一幅容貌、一种形状、一个字词、一场预兆之梦、一句妙语、一件物品、一个女人、一片荒漠,它可以突然降临。

这个他者,他一出现,就注定让我们不能彻底了解。他将我

---

① 奇异吸引子(attracteur étrange),科学术语,是指令系统走向混沌的影响因素,其中"奇异"(étrange)也就是著者所论的"陌异"一词。——译注

们的秘密保管在他那里，让我们如此远离真理的管辖。所以在他那里，并没有爱情制造我们的相似，并没有异化造成我们的差异。他不是我们的理想化身，他不是我们找不到的理想，在他那里，事物逃脱了我们，而我们也逃脱了我们自身。这个他者所提供的不是欲望、异化，他让我们眩迷在存在之光的日食景象，即它的出现与消失里。因为这里的秘密，正是诱惑之规则，也是根本的规则。

我们如果懂得诱惑，我们就知道，他者从来就跟欲望无关，而主体在追求爱人时便已犯错，所说的话在表达某意时就已说错。所以我们必须朝向别处，不要在对话的无边妄想中寻找他者，要在他的影子后跟随他、靠拢他。让我们永远不做自己，也永远不被异化：让我们去贴近他者的形状；这陌异的形式，来自别处；这奥秘的形状，支配着各种事件的进程、各个独特的存在。

正是他者，让我不用将自己的话无尽地反复叙说。

术语索引

(索引页码为原著页码)

aliénation　异化　61, 66, 127, 129, 130, 151, 173

altérité　相异性　72, 129, 130, 131, 133, 135, 136, 137, 138, 139, 143, 144, 146, 147, 151, 153, 154, 157, 165, 166, 168

artificiel　人造的、人工的、人为的　24, 28, 29, 40, 55, 56, 59, 64, 65, 67, 68, 69, 71, 78, 90, 112, 114, 123, 130, 149, 165, 174, 176, 177

au-delà　跨越、超越、超出　12, 15, 18, 19, 20, 24, 27, 49, 60, 76, 106, 113, 129, 150

Autre/autre　他者、他人　83, 85, 161, 162, 163, 165, 166, 170, 171, 172, 174, 175, 176

banalité/banal　平庸性、平庸　19, 24, 30, 48, 64, 73, 156, 158, 160, 163, 164, 177

bourgeoisie　资产阶级　18

catastrophe　灾难　21, 33, 35, 39, 41, 42, 44, 46, 47, 49, 75, 76, 78, 91, 94, 101, 102, 105, 106, 108, 110, 111, 113, 114, 130

circulation/circuler　循环、流通　12, 22, 34, 35, 36, 40, 42, 45, 46, 49, 72, 100, 101, 171

code　编码　72, 121, 122, 123, 125, 126, 127, 148

communication 传播、交往 20,21,44,45,53,54,56,61,62,63, 64,73,75,77,81,100,127,136,137,145,152,171

confusion 混乱、混杂 15,17,18,20,32,43,72,97,136,140, 149,154

conscience 意识 12,80,85,90,92,97,108,128,136,146,157, 164,176

contiguïté 邻近性 13,15,160

culture 文化 14,17,23,43,44,77,80,83,98,103,105,129, 132,136,137,138,140,141,142,144,145,147,149,150,154,155, 171,176

désir 欲望 12,17,30,60,64,79,93,155,156,159,161,165, 171,172,177

destin 命运、宿命 24,32,85,93,109,120,124,131,132,138, 143,150,157,162,163,165,167,169,170,174,175,176

destruction 毁灭、破坏 22,37,39,45

différence 差异 25,31,72,129,130,131,132,133,134,135, 136,137,138,140,143,145,146,150,151,152,153,154,165,169

dispersion 散布 12,13,18

échange 交换、交易、贸易 23,35,37,40,46,54,61,62,72,75, 81,100,101,102,120,127,130,133,146,151,155

esthétique 审美、美学 22,23,25,26,27,30,43,62,77,88, 153,159

esthétiser/esthétisation 审美化 17,23,24,25

événement 事件 41,44,46,52,57,63,64,74,82,83,86,87,96, 97,98,99,100,101,103,104,105,112,113,115,146,150,165

fatal 宿命的、致命的 14,39,47,73,83,145,146,147,151,152, 162,164,170

fétichisme 恋物 25

fonction 功能、功能性 37,59,61

forme/formalisation 形式、形式化、塑形 12,25,43,44,52,53, 54,61,62,68,70,71,72,73,76,77,78,79,82,83,84,87,88,101, 104,106,107,110,112,114,120,124,126,127,130,131,132,133, 134,135,137,138,141,146,148,149,151,152,154,155,159,165, 166,169,170,171,173,174

fractal 分形的 12,13,14,70,159,160

généralisation/générique 普遍化、普遍的 17,32

hyperréalisation/hyperréalité 过度实现、超现实性 34,35,86

identité/identique 身份、同等的 31,32,65,74,120,121,125, 126,133,146,153,164,171

idéologie/idéologiques 意识形态 11,29,32,41,91,99,104, 142,148,149,151,175

illusion 幻觉、妄想 16,22,59,74,135

image 图像、影像 19,20,25,36,43,44,48,51,62,63,64,65, 72,82,87,160,97,101,107,119,121,124,125,144,156,157,159, 160,165

imaginaire/imaginer/imagination 想象力、想象 30,36,54,61, 63,74,76,77,82,98,106,119,120,121,122,125,154,156,158

indétermination 无以确定性 12,32,87,128

information/informatique 信息、信息的 20,36,39,44,45,49, 51,53,56,57,61,63,64,69,72,73,74,75,76,114,122,123,

124,171

irréversible 逆反性的、可逆反的 40,105,126,142

les guerres territoriales 领土战争 33

libérer/libération 解放、自由、自由化 11,17,23,26,30,31,43,46,73,75,93,100,104,105,106,113,173,175

le Mal 恶 79,88,89,90,91,92,94

médiatique/médias/médiatisée/médiation 媒介的、媒体、媒体化、媒介作用 20,24,37,43,44,53,60,77,83,96,97,98,122

mercantilisation 商品化 24

métastase 转移 12,13,15,23,38,70,71,76,111

moderne 现代的 19,30,82,83,84,85,91,123,124,130,141,142,149,171

modernité 现代性 11,14,17,18,72,102,105,138,145,148

négative/la négativité 否定的、消极的、否定性 25,35,40,70,88,111,140

objet/objective 客体、物体、对象、客观的 11,17,34,46,49,59,63,64,65,79,81,97,98,113,121,124,126,132,148,149,151,153,156,157,158,159,160,162,171,176,177

opération 操控、操纵、操作 24,28,45,49,53,55,56,59,60,64,65,69,78,86,94,98,100,102,121,148,157,160

orbite/orbital 轨道、轨道的 12,35,36,37,38,42,56

plaisir 愉悦、享受 11,22,26,32,46,47,55,60,61,141,147,153,158,171,172,173

production/produire 生产、产生 14,22,35,39,41,42,46,52,56,60,78,102,106,107,111,124,135,138,164,165,166,176

productif 生产的、关于生产的 33,107

prolifération/proliférer 增殖、繁衍 12,15,22,23,38,39,69,74,76,109,120,125,129,134

prothèse 假体 28,37,55,59,60,65,69,70,78,119,122,123,124,125,126

radical 根本的、彻底的、激进的 24,30,46,52,117,131,133,134,137,138,140,143,145,146,149,151,152,153,156,157,165,168,172

réaction de chaîne 连锁反应 13,45,49,69,71,76,77,106,108

règle 准则、规则 22,23,24,26,34,42,45,46,56,72,89,93,109,114,133,141,145,146,148,153,163,164,176

représentation 再现、表征 11,24,61,84,85,87,126

reproduire/reproduction 再生产、繁殖 12,14,15,120,122,123,124,125,177

révolution 革命 12,18,19,20,32,36,42,49,51,52,91,92,93,102,103,104,106,172

séduction 诱惑、诱骗 22,28,31,59,77,112,119,132,146,148,149,158,159,170,172,174

sexe 性、性别 15,16,17,20,29,30,44,46,52,59,68,72,73,79,121,132,155

sexualité 性、性别 15,16,17,20,29,30,72,121,122,130,132

sexuel 性的 16,17,19,20,32,64,72,73,75,76,93,107,127,163,165,175

signe 符号、迹象 11,24,28,29,30,32,40,43,44,45,47,52,54,59,73,78,84,85,100,101,102,103,104,114,137,148,149,

173,176

simulacre 拟象 30,42,82

simuler/simulation 模拟、模仿 11,12,14,19,24,26,45,48,49,51,52,84,86,122,123,125,129,131,134,142,176

structural/structure 结构性的、结构 13,44,64,65,140

symbolique/symboliquement 象征的、具有象征意义的、象征性地 22,28,81,88,89,90,92,109,110,112,120,125,129,132,137,148,153,166,171

trace 痕迹、踪迹 16,25,34,102,162,163,165,171

transcendant/transcendance 超越的、超越 15,19,22,25,26,36,37,38,76,80,79,101,109,135,144,155

transéconomie 跨经济 15,18,33,42

transesthétique 跨美学 15,18,19,25

transparence/transparent 透明、透明性、透明的 19,24,25,46,51,56,61,65,68,69,74,75,87,102,111,120,126,127,128,130,155,159

transpolitique 跨政治 18,19,30,32,43,85,86,88

transsexuel 跨性别、变性的 15,18,20,25,29,30,31,32,43

universel/universalisation 普遍的、普世的、普遍化、普世化 29,30,37,76

utopie 乌托邦 12,19,24,35,51,52,120,128,132,134,142,145,171

valeur 价值 12,13,18,22,23,26,27,39,41,42,44,45,46,54,73,75,89,90,91,92,101,102,112,129,132,136,137,138,140,142,148,149

véritable　真正的　18,35,75,90,112,113,114

vide　空白、真空　11,14,38,39,42,68,75,76,82,83,86,87,90,91,100

violence　暴力　20,49,51,52,69,71,79,80,82,83,84,86,87,88,92,95,98,101,104,111,123,128,133,134,149,163,165

viral/virus　毒性的、病毒性的、病毒　12,13,15,16,17,41,43,44,45,46,47,48,49,68,69,70,71,72,74,77,78,88,89,91,104,106,111,113,134,135,140,142,151

virtuel/vittuellement　虚拟的、虚拟地　33,34,35,41,55,58,61,62,63,65,68,70,76,91,100,101,115

virulence　毒性、传染性　16,43,46,48,69,70,72,73,74,76,77,79,126,142,175

人名索引

(索引页码为原著页码)

Albert Jacquard 阿尔贝·雅卡尔 124

Alain Bosquet 阿兰·博斯凯 91

Alfred Jarry 阿尔弗雷德·雅里 54,107

Andy Warhol 安迪·沃霍尔 24,25,29,176

Arthur Rimbaud 阿蒂尔·兰波 154

Arthur Schnitzler 阿图尔·施尼茨勒 167,170,174

Bartolomé de las Casas 巴托洛梅·德拉斯·卡萨斯 138

Bataille 巴塔耶 39

Bruce Chatwin 布鲁斯·查特文 141

Chesterton 切斯特顿 178

Cicciolina 奇乔丽娜 28,29,30

Claude Gilbert 克劳德·吉尔伯特 130

Duchamp 杜尚 24

Eurydice 欧律狄刻 163

François George 弗朗西斯·乔治 56

François Mitterrand 弗朗索瓦·密特朗 89

Frankenstein 弗兰肯斯坦 29

Hegel 黑格尔 113
Heidegger 海德格尔 95,96,97,98,148
Isabelle Eberhardt 伊莎贝尔·艾伯哈特 154
Jean de Léry 让·德·莱利 154
Jean Rouch 让·鲁什 147
Jean Tinguely 让·丁格力 54
Jérôme Bosch 耶罗尼米斯·博斯 68
Karl Marx 卡尔·马克思 18,41
Klaus Barbie 克劳斯·巴比 98
Kristeva 克里斯蒂娃 146
Madonna 麦当娜 29
Mandeville 曼德维尔 107
Marc Guillaume 马克·纪尧姆 130
Marylin Monroe 玛丽莲·梦露 157
McLuhan 麦克卢汉 31,37
Michael Jackson 迈克尔·杰克逊 29,30
Montesquieu 孟德斯鸠 154
Orphée 俄狄浦斯 163
P. K. Dick 菲利普·K.迪克 65
Paul Virilio 保罗·维利里奥 48
Piet Cornelies Mondrian 蒙德里安 26
Robert Faurisson 罗伯特·弗里森 98,99
Roger Caillois 罗歇·凯尤瓦 84
Roland Barthes 罗兰·巴特 154
Ayatollah Ruhollah Khomeini 阿亚图拉·鲁霍拉·霍梅尼

88,89,90

Sade 萨德 114

Salman Rushdie 萨尔曼·拉什迪 88

Simmel 齐美尔 79

Sophie Calle 苏菲·卡尔 162,163,164,165,170

Susan Sontag 苏珊·桑塔格 39

Tzvetan Todorov 茨维坦·托多洛夫 138

Victor Segalen 维克多·谢阁兰 36,132,133,134,137,149,151,152,153,154

Walter Benjamin 瓦尔特·本雅明 124

Witold Gombrowicz 维托尔德·贡布罗维奇 166,176

译后记

鲍德里亚的《恶的透明性——关于诸多极端现象的随笔》(*La Transparence du Mal. Essai sur les phénomènes extrêmes*)一书成书于20世纪80年代,这个时期鲍德里亚继续探索后现代社会中客体的形而上学和主体的处境,并采取基本理论视角与当下社会背景相结合的评论方式,在与马克思主义、后结构主义以及其他形式的当代思想持续不断地对话中,更深入地思考后现代历史空间中的断裂。这部著作延续了碎片式书写的风格,无论是在传统的哲学体系中,还是以鲍德里亚自身的理论体系为参照,都是比较别出心裁的话语模式,因而也比较令人费解。

在这本书中,鲍德里亚描述了一种情形,即在传统社会中彼此独立的经济、艺术、政治和性领域跨越了自身学科的界限,以一种弥散开来的病毒式传播的方式,渗透到所有存在的领域。在这种情形下,任何事物都变成了经济的、政治的、艺术的、性的,以至于所有界限打破之后,各个领域都丧失掉了它们的独特性、边界以及区别。从而,一种混乱的状况得以呈现,曾经行之有效的标准(包括价值标准、评判标准等等)无一例外地丧失了有效性,"不再有基本规则",因而主体陷入一种冷漠和惰性的境地,"我们只明确我们厌恶什么"(见第92页)。

例如在描述"跨美学变迁"的情形时,鲍德里亚发现后现代媒介和消费社会的急速发展、技术手段的大面积铺展,使得任何东西都变成了图像、符号、景观以及跨美学的客体,这样一种"美学的普遍化"趋向让人们不顾一切地模拟艺术、大规模地制作人造物,用混合的方式创造出更为图像化的艺术客体。而如此导致的结果是,一方面艺术比任何当代社会的秩序更为根本:"那是所有再现模式的庆典,也是所有反再现模式的庆典。那是彻头彻尾的狂欢,是关于真实、理性、性别、批判与反批判、发展与发展之危机的狂欢。"(见第3页);另一方面,在这种"令人晕眩的折衷主义"形式中,整个世界都被图像、人造物、仿制品所充斥着,艺术变成了超价值空间轨道上运转的其他事物,价值飞涨的狂喜发生在"一种戏剧性空间中"。鲍德里亚由此感慨,如果说西方曾经采用对全世界进行商品化的方式颇为有力地统治了世界,那么现在这种统治的策略则转变为对全世界的审美化。

同样的情形也存在于"跨经济变迁""跨政治变迁""跨性别变迁"中。这种颇具颠覆性的转变,必然带来主客体关系的位移。构成我们日常生活的客体体系和符号如何重新定义了主体(或者更确切地说,是如何消灭了主体),这是鲍德里亚一生为之努力探索的主题。

鲍德里亚在其早期著作中,颇受列斐伏尔的"日常生活"研究和罗兰·巴特的"症状学"分析的影响。他从方法论上承继两者,致力于研究客体在符号和意义系统中被编码的过程,以及客体如何被组织进现代社会的结构性系统,这促成了当代媒介和消费社会的产生。他认为在这一过程中,客体成为主导力量,越来越凌驾于主体之上,最为重要的原因是主体失去了与真实之间的联系,变得碎片化、易于消融。这一过程也成为当代政治社会的典型症候。

　　本书中可以把握的线索,仍旧是鲍德里亚对于客体的思考,他对客体所提出的认识,远比笛卡尔所说的主体陷入认识论的骗局更为糟糕。在客体的世界中,任何事物都是透明的、超真实的,诱惑是成为符号和仪式的秩序,在此之中的客体带有致命的目的,那就是要求终结主体性哲学。但鲍德里亚此时的思考不同于他早期带有马克思主义视野和症候学的切入法,在经历了"政治经济学终结"(《象征交换与死亡》)的宣言之后,鲍德里亚对雅里的荒诞玄学产生了兴趣。荒诞玄学被认为是一种利用想象解决矛盾的科学,致力于研究支配特例的法则,并解释由此带来的普遍性增补。或者,确切地说它描绘一个人们看到的——或者说必须看到的世界,这个世界与传统世界之间是相互撕裂的关系。对于鲍德里亚来说,荒诞玄学在象征意义上有利于描绘出客体所具有的线性构造这一性质,并且可以对它们的虚拟性进行有效的描述。借助于荒诞玄学,鲍德里亚延续着对客体的形而上学和主体的失败的探索,并携带着讽刺性这个武器参与到当代历史和政治的交战之中。正如本书所体现的思考,鲍德里亚继续假定后现代的历史空间中存有反转式的断裂,但他始终让自己与其他后现代理论的说法保持距离。

* * *

　　本书译于 2013 年 4 月到 2015 年 12 月之间,正在译书收尾之时,法国巴黎发生了震惊世界的枪击事件和自杀式爆炸袭击事件。惊愕、震撼、悲恸、缅怀、憎恶、侥幸……世界各地的人们一时间对这场戏剧性的悲剧充满无尽的情绪。在必须强硬地反击"对全人类和我们共同普世价值的攻击"的呼声下,人们前赴后继地投入到无边的复仇之中。历史的车轮从未停止滚动,却并没有开辟出新的道路。在这种情形下,一切对恐怖的冷眼旁观都显得无比苍凉。但正因此,如何沉静地思考这种无可撼动的暴力符号就显得格外迫切。

幸于此时研读此书,得以在震惊与不解的情绪中多了几分思考的余地。鲍德里亚敏锐地发现,作为暴力符号的偶发事件绝非仅仅是由宗教(政治)狂热分子孤立的暴力事件演绎而来的。尽管我们不能走入当事人的世界中一览究竟,但"我们能做的,就是拒绝那种无力的思想,即把一切归咎于宗教所致的狂热"(见第109页)。鲍德里亚将暴力符号的作用过程描述为,当飞机机身产生缺口或是破裂时,机舱内的压力骤减。因为内外压力变化,一切事物都被暴力地吸入了真空中。造成这样的情形所需要的,只是在内外两个世界超薄分隔层上的一个小裂口或是小洞。然而,裂口从何而来?

可以说暴力的始作俑者正处于在西方体系的周围创造出一片真空的过程中,并且不时地通过单独行动或是发表言说的方式在这个体系凿出缺口,以至于我们的全部价值标准突然被这个真空部分吞噬掉了。即便我们有摧毁它的能力,但在符号的层面上,它是胜利者,而且符号权利向来比武器和金钱更具有优越性。也就是说,在某种程度上,这是他者世界顺利地完成了复仇。

实际上,暴力符号极大程度地调动起大众的情绪,它想要告诉我们的是一个简单的道理:它不仅仅展现了不完美的世界中的一段插曲,事实上它暴露出世界体系的全部逻辑。就像在"对差异的恋物情结"驱使之下,阿拉卡卢夫族的灭亡所表明的过程一样:"他们先是自己,又成了自己的外人,最后连自己都不存在"(见第170页),这便是一个相异于西方价值系统的"他者"遭到灭绝的三个阶段。阿族人被灭绝是由于那些支配着普世观念的人、那些为自身利益操作相异性的人挥起了大刀,但阿族人显然只是众多群体中的一个。那么那些接受着西方价值与启蒙思想的灌输,却从来没有得到真正认同的人们,是如何在狭小的空间中受着挤压、摩擦,在世界的舱位中留下斑驳的痕迹,直至裂口轰然爆破……

即便事件真实地发生了,那么通过大规模地煽动"复仇"是否可以抵消事件本身所具有的张力?鲍德里亚指出,这种罪行是无法通过大规模的"复仇"而达至平衡的。"奥斯维辛的种族灭绝永远无以抵偿"(见第118页)。惩罚和罪行在此是不可能等值的,离开事件的惩罚,只是为了寻求虚弱的心理安慰和更大政治抱负的口实。并且惩罚与事件的错位往往会招致真相的失真。"我们当前所经历的事态,完全是另外的东西"(同上)。

当然也不能回避这本书的局限性。正如有批评所指出的:虽然鲍德里亚指出了西方资本主义社会中出现的这些极端现象,但他只是罗列了存在的问题,对如何解决这些问题并没有给出答案,而中国的马克思主义发展道路则可能在这方面提供更正面的启示。从这一点考虑,取其所长,补其不足,我们应该带着更具批判性的思考来进行阅读。

*　　*　　*

对于本书的翻译工作而言,首先要感谢的是赵子龙老师,当初仅凭年轻气盛就接下此书,却不知自己才疏学浅,无论是在语言上还是在理论上其实都没有相应的实力。虽然几年后"有所长进",但每每回看译稿的初稿时都会非常惭愧,若不是赵老师宽容而细致的校正,此书很难以现在的面貌展现给读者。在此衷心地向赵老师表示感谢。其次,在本书的翻译过程中也得到了我的好朋友樊晖、王雪纯、王忆心等人的帮助,她们仔细研读译文、查找资料、指出译文中问题,为本书的完成打下了坚实的基础。此外,感谢陕西师范大学陈越老师给我这个机会,让我在翻译过程中不断学习、充实。感谢西北大学出版社的编辑任洁女士,没有她对工作的认真负责,本书无法顺利面世。感谢我的家人,为我提供了一个可以潜心于自己事业的空间。最后,恳请各位批评指正,不断完善译本。

王 晴

写于 2015 年 11 月 30 日　日本神户

修改于 2019 年 9 月 2 日　日本东京

校后记

继译者的劳动之后,我终于将这本风格独特的理论手册润色完成并请译者最终校定,应丛书的要求,在篇末简述一下校对的心得。在译者与几位老师的工作基础上,我进一步统一了词汇,使作者在各章内有意留下的线索更加清晰,也尽量通过断句和增加主语,让语言不太西化。这些修改看似无关紧要,但我觉得值得下些功夫。翻译哲学著作,似乎只用精确地转换概念,但我们不能忽视思想与本国语言的关系,即思想不仅靠概念支撑起来,也依赖于约定俗成而并不精确的文法。让西方思想靠近我们的文法,这就是翻译的难点。比如,作者经常以"透明性""陌异性"等抽象名词展开论述,这符合法语习惯,而我们在翻译中,当然无法抹消这类西方语言的痕迹,这时,更不能只求简单对应,最好动用我们的文法,不妨作些补充,形成完整逻辑,让抽象化的理论语言也像言之有物。

尽管如此,本书夹杂各学科的术语,还是给翻译和阅读带来不少困难。对此我们可以理解为,作者只是在如实呈现他眼中这个自由转喻的世界(见第 7－8 页)。我们也不必追究术语,因为作者不是要贯通不同学科,而只强调一个进程与其反作用:一切走向透明化,又引起了种种反常。而这些反常,就是在此书出版的20世纪80年代末人们刚刚遇到的各种极端现象：核电事故、恐怖袭击、病毒传染等等。在作者看来，其中的能量就源于那无法排除的"恶"。因此，"恶的透明性"其实不是说恶具有透明性，而是说透明化进程难逃恶的影响。以此作为书名，作者有意致敬法国文学史上经典的《恶之花》，而这位发达资本主义时代的思想家，也同样以恶的名义挑战着人们的共识。我们也不用奇怪这条脉络延续在法国，因为恶的名义更广泛地说就是个人的名义。某些法国思想家，虽不一定都像鲍德里亚这般极端地看待极端现象，但都从个人的角度反思着时代。值此书出版之际，鲍德里亚的主要著作基本都已译为中文，这让我们在理论的流行之外，或许也看到时代需要这样的反思。

赵子龙

2019年4月30日

著作权合同登记号:陕版出图字 25-2013-248

图书在版编目(CIP)数据

恶的透明性:关于诸多极端现象的随笔/(法)让·鲍德里亚著;王晴译. --西安:西北大学出版社,2019.9(2023.5 重印)

ISBN 978-7-5604-4435-2

Ⅰ.①恶… Ⅱ.①让… ②王… Ⅲ.①哲学思想-研究-法国-现代 Ⅳ.①B565.6

中国版本图书馆 CIP 数据核字(2019)第 223305 号

恶的透明性:关于诸多极端现象的随笔

[法]让·鲍德里亚 著
王晴 译　赵子龙 校

出版发行	西北大学出版社
地　　址	西安市太白北路229号
邮　　编	710069
电　　话	029-88302590
经　　销	全国新华书店
印　　装	陕西博文印务有限责任公司
开　　本	889毫米×1194毫米　1/32
印　　张	8.125
字　　数	170千
版　　次	2019年9月第1版　2023年5月第3次印刷
书　　号	ISBN 978-7-5604-4435-2
定　　价	59.00元

本版图书如有印装质量问题,请拨打电话 029-88302966 予以调换。

La Transparence du Mal
By Jean Baudrillard
Copyright © Editions Galilee 1990.
Chinese simplified translation copyright © 2019
By Northwest University Press Co. , Ltd.
ALL RIGHTS RESERVED

精神译丛（加*者为已出品种）

第一辑

*从莱布尼茨出发的逻辑学的形而上学始基	海德格尔
*德国观念论与当前哲学的困境	海德格尔
*正常与病态	康吉莱姆
*孟德斯鸠：政治与历史	阿尔都塞
*论再生产	阿尔都塞
*斯宾诺莎与政治	巴利巴尔
*词语的肉身：书写的政治	朗西埃
*歧义：政治与哲学	朗西埃
*例外状态	阿甘本
*来临中的共同体	阿甘本

第二辑

*海德格尔——贫困时代的思想家	洛维特
*政治与历史：从马基雅维利到马克思	阿尔都塞
怎么办？	阿尔都塞
*赠予死亡	德里达
*恶的透明性：关于诸多极端现象的随笔	鲍德里亚
*权利的时代	博比奥
*民主的未来	博比奥
帝国与民族：1985—2005年重要作品	查特吉
*政治社会的世系：后殖民民主研究	查特吉
*民族与美学	柄谷行人

第三辑

*哲学史：从托马斯·阿奎那到康德	海德格尔
布莱希特论集	本雅明
*论拉辛	巴尔特
马基雅维利的孤独	阿尔都塞
写给非哲学家的哲学入门	阿尔都塞
*康德的批判哲学	德勒兹
*无知的教师：智力解放五讲	朗西埃
*野蛮的反常：巴鲁赫·斯宾诺莎那里的权力与力量	奈格里
*狄俄尼索斯的劳动：对国家—形式的批判	哈特 奈格里
免疫体：对生命的保护与否定	埃斯波西托

第四辑

*古代哲学的基本概念	海德格尔
黑格尔《精神现象学》的发生与结构（上卷）	伊波利特
卢梭三讲	阿尔都塞
*野兽与主权者（第一卷）	德里达
*野兽与主权者（第二卷）	德里达
黑格尔或斯宾诺莎	马舍雷
第三人称：生命政治与非人哲学	埃斯波西托
二：政治神学机制与思想的位置	埃斯波西托
领导权与社会主义战略：走向激进的民主政治	拉克劳 穆夫
德勒兹：哲学学徒期	哈特

第五辑

基督教的绝对性与宗教史	特洛尔奇
黑格尔《精神现象学》的发生与结构（下卷）	伊波利特
哲学与政治文集（第一卷）	阿尔都塞
疯癫，语言，文学	福柯
与斯宾诺莎同行：斯宾诺莎主义学说及其历史研究	马舍雷
事物的自然：斯宾诺莎《伦理学》第一部分导读	马舍雷
*感性生活：斯宾诺莎《伦理学》第三部分导读	马舍雷
拉帕里斯的真理：语言学、符号学与哲学	佩舍
速度与政治	维利里奥
《狱中札记》新选	葛兰西

第六辑

生命科学史中的意识形态与合理性	康吉莱姆
哲学与政治文集（第二卷）	阿尔都塞
心灵的现实性：斯宾诺莎《伦理学》第二部分导读	马舍雷
人的状况：斯宾诺莎《伦理学》第四部分导读	马舍雷
帕斯卡尔和波-罗亚尔	马兰
非哲学原理	拉吕埃勒
连线大脑里的黑格尔	齐泽克
性与失败的绝对	齐泽克
探究（一）	柄谷行人
探究（二）	柄谷行人